音楽から現代美術まで、最近急速にクリエイティブ・カルチャーの震源地となりつつある
ベルリン。その複雑な歴史も、街を活性化し続ける原動力のひとつとなっています。正確
で合理的なアプローチを大切にするベルリンっ子たちですが、その信条こそが、ベルリン
のアート、音楽、建築、デザインを世界的にも際立たせているのだといえるでしょう。また、
生活を楽しみ、学び、より良きものを目指すことに一生懸命なのも、彼らの特徴。そのエ
ネルギーを感じ、ベルリンのラジカルな変化に参加しようと、世界中から芸術家たちが集
まってきています。

この本は、有名スポット＆建築、文化施設＆アート・スペース、マーケット＆ショップ、レス
トラン＆カフェ、ナイトライフの5分野に分けて、ドイツの首都ベルリンを案内するガイド
ブックです。ベルリンのクリエイティブシーンで活躍する60人が選んだ、とっておきのスポッ
トを紹介します。この本を片手に、ベルリンっ子たちのクリエイティブ・ライフを実体験しな
がら、街の真の魅力を味わってください。

D1785596

目次

Before You Go お出かけ前に

基本情報

通貨
ユーロ（EUR/€）
為替レート　1ユーロ141円（2014年3月現在）

時差
日本との時差：-8時間
サマータイム時
（3月の最終日曜日〜10月の最終日曜日）：-7時間

電話
国際電話コード　+49
市外局番　(0)30*

＊ドイツ国内からドイツ国内に電話するときは、
　最初に(0)をダイヤルすること。

気候（平均気温＆月当たりの降雨日）
春（3〜5月）：3〜13℃、9日間
夏（6〜8月）：14〜25℃、7日間
秋（9〜11月）：5〜15℃、8日間
冬（12〜2月）：-3〜2℃、10日間

便利ウェブサイト

インタラクティブ・レイルウェイ・ルートマップ（DE）
www.fahrinfo-berlin.de/Liniennetz

プリペイドSIMカード
blau.de

緊急電話番号

救急・消防
112

警察
110

領事館
日本　　　+49 (0) 30 21 09 40
中国　　　+49 (0) 30 27 58 80
フランス　+49 (0) 30 59 00 39 000
イギリス　+49 (0) 30 20 45 70
米国　　　+49 (0) 30 83 050

空港への交通手段

ジェット・エクスプレス・バスTXL（JetExpressBus TXL）
ベルリン・テーゲル国際空港
<->アレクサンダー広場（Alexanderplatz）
バス - 運転：10〜20分間隔 / 運行時間：45分間
テーゲル空港から − 4:38〜0:28
アレクサンダー広場から
− 4:52〜23:07（土・日：5:52〜23:07）
片道：2.60€

RB14エアポートエクスプレス（RB14 Airport Express）
ベルリン・シェーネフェルト国際空港
<-> アレクサンダー広場
電車 - 運転：1時間ごと / 運行時間：30分
シェーネフェルト国際空港から
− 5:26〜20:26（月〜金）、5:26〜15:26（土）、
5:26〜19:26（日）
アレクサンダー広場から − 4:13〜20:13（月〜金）、
4:13〜16:14（土）、4:13〜19:13（日）
片道：3.20€
www.berlin-airport.de / www.vbb.de

ベルリン・ブランデンブルク国際空港が2015年に開港予定。

ベルリンの交通手段

地下鉄：Uバーン
電車：Sバーン
トラム（路面電車）
バス、自転車、タクシー

交通運賃支払い手段

クレジットカード（キップ購入）
現金

1日キップは刻印日の翌日の午前3時まで有効。

祝日

1月	1日：ニューイヤーズ・デイ
3月/4月	グッド・フライデー、復活祭月曜日
5月	1日：メーデー、キリスト昇天祭
5月/6月	聖霊降臨祭
10月	3日：ドイツ統一記念日
11月	1日：万聖節
12月	25日：クリスマス、26日：ボクシング・デイ

博物館やギャラリーの祝日の営業時間は、その施設によって変わる。

祭・イベント

1月
トランスメディエール
www.transmediale.de

ベルリン・ファッション・ウィーク（7月にも開催）
www.fashion-week-berlin.com

CTMフェスティバル
www.ctm-festival.de

2月
ベルリン国際映画祭
www.berlinale.de

3月
ロングナイト・オブ・ミュージアム
www.lange-nacht-der-museen.de

ファンタジー映画祭
www.fantasyfilmfest.com

MaerzMusik
www.berlinerfestspiele.de

4月
ピクトプラズマ・ベルリン（5月まで）
berlin.pictoplasma.com

5月/6月
DMY国際デザイン・フェスティバル
www.dmy-berlin.com

48アワーズ・ノイケルン
www.48-stunden-neukoelln.de

8月
国際ベルリン・ビール・フェスティバル
www.bierfestival-berlin.de

9月
ベルリン・アート・ウィーク
www.berlinartweek.de

ベルリン・ミュージック・ウィーク
www.berlin-music-week.de

abcアート・ベルリン・コンテンポラリー（No.18）
www.artberlincontemporary.com

開催日未定
ベルリン・ビエンナーレ
www.berlinbiennale.de

開催日程はその年によって変わるため、ウェブサイトで
確認のこと。

ユニーク・ツアー

オルタナティブ・ベルリン・ツアーズ
alternativeberlin.com

ベルリン地下世界（No.11）
berliner-unterwelten.de

クリエイティブ・サステイナビリティー・ツアーズ
creative-sustainability-tours-berlin.net

ファインディング・ベルリン・ツアーズ
www.findingberlin-tours.com

ヒドゥン・パス
thehiddenpath.de

ニッチ・アート＆アーキテクチャー・ツアーズ・
ベルリン
nicheberlin.de

スマートフォン・アプリ

ストリート・アート情報
Street art berlin

電車マップ＆乗り換え検索
Berlin Subway

サイクリング情報＆ナビ
bbybike

料金の目安

成人用切符1枚
（ゾーンA・Bの電車/バス、2時間以内）
2.6€

郵便（レター）国内/国際
0,60€/0,75€

チップ
ディナー：支払い時に5〜10%のうちの好きな額を。
ホテル：ポーターに1〜2€。清掃係に1〜2€
認可タクシー：10%

Count to 10

ベルリンが魅力的なワケ

イラスト：Guillaume Kashima aka Funny Fun

飛行機のストップオーバーで1日だけ立ちよる人も、1週間の旅行に来た人も、ベルリン在住のクリエイターたちがおすすめする、必見の観光ポイント、グルメスポット、読みもの、お買い物スポットを、ぜひ参考にしてください。グラフィティだらけのベルリンの街は、パン、本、歴史博物館、アンダーグラウンドなナイトクラブなどなど、おもしろいモノや見どころであふれています。一番歩きやすい靴をはいて、街歩きを思いっきり楽しみましょう。

1

建築

**虐殺されたヨーロッパの
ユダヤ人のための記念碑**
設計：ピーター・アイゼンマン

国会議事堂
設計：ノーマン・フォスター

**DZ銀行ベルリン
（住所：Pariser Platz 3）**
設計：ゲーリー・パートナーズ

**ドイツ歴史博物館展示ホール
（No.4）**
設計：イオ・ミン・ペイ

ニュー・ナショナル・ギャラリー
設計：ミース・ファン・デル・ローエ

ベルリンテレビ塔
設計：ヘルマン・ヘンセルマ

5

本＆レコード・ショップ

アート・ブック
モットー・ベルリン (No.29)

自主制作マンガ
ノイロティタン
www.neurotitan.de

読書室＆書店
ドゥ・ユー・リード・ミー?!
www.doyoureadme.de

デザイン、アート、建築
Pro QM
www.pro-qm.de

デザイン書＆ワークショップ
ゲシュタルテン・スペース
news.gestalten.com/space

レアなレコード
ハード・ワックス
hardwax.com

6

グルメ

ボックヴルスト＆燻製魚
トレップトアー (Treptower)
公園埠頭

カレーブルスト＆シュリッペ(丸パン)
コノプケ
www.konnopke-imbiss.de

チキンのクリーム煮
ヘンネ
www.henne-berlin.de

**手作りギョレメ＆
ラフマジュン(トルコ料理)**
イムレン・グリル
住所：Karl-Marxstr. 80, Neukölln,
12043

ドネル・ケバブ
ムスタファ
www.mustafas.de

Club Mate (栄養ドリンク:冬用)
クリスマス前後に
コンビニ (Späti) で販売

7

パン

サワードウ
ブレッド・エクスチェンジ (物々交換のみ!)
thebreadexchange.com

プレッツェル
キオスクならどこでも

シナモンロール
ツァイト・フューア・ブロート
www.zeitfuerbrot.com

ソルナー ブロート＆オイ
住所：Gneisenaustr. 58, Kreuzberg,
10961

イタリアのパン
シローニ
(No.36:マルクトハレ・ノイン内)
 sironi.de

オーストリアのパン
ヴィーナー・ブロート
www.wienerbrot.de

8	9	10
ナイトクラブ	**レジャー**	**おみやげ/記念品**

ナイトクラブ

ウォーターゲート
www.water-gate.de

カーター・ホルツィッヒ
www.katerholzig.de

トレゾア
tresorberlin.com

ベルクハイン／パノラマ・バー（No.49）
www.berghain.de

スーサイド・サーカス
www.suicide-berlin.com

ウィークエンド
www.week-end-berlin.de

アリーナ
www.arena-berlin.de

シャーレ
www.chalet-berlin.de

Kjosk
www.kjosk.com

レジャー

シュペティ（Späti：深夜営業の雑貨屋/コンビニ）の前でのんびり過ごす
フリードリヒスハイン地区

ボートで市内散策
シュプレー川にかかる橋を数える

シェーネベルク自然公園（Natur-Park Schöneberger Südgelände）
森に埋もれた線路や
工場跡地を散策する

公共浴場＆スパ
Liquidrom
liquidrom-berlin.de

夏のピクニック
湖や森や
廃墟になった展望台などで

おみやげ/記念品

4枚組の白黒パスポート写真
フォトオートマット
www.photoautomat.de

はちみつ＆ハーブの種
プリンツェッスィンネンガルテン
prinzessinnengarten.net

地元産ウォッカ
アワー／ベルリン
住所：Am Flutgraben 2,
Alt-Treptow, 12435

アンティークのドイツ製家具
ミッテ地区ローゼンタール・プラッツ
（Rosenthaler Platz）＆
シェーンハウザー・アレー通り
（Schönhauser Allee）

1948年ベルリン市街地図（6,50 €）
ベルリナー・
ゲシュイッヒツヴェルクスタット
www.berliner-
geschichtswerkstatt.de

本書の見かた

SPOT INFORMATION
スポット情報のマーク

営業時間／開館時間
＊クリスマスなどのホリデーシーズンは営業日・時間が変わることもありますので
　ウェブサイト等で確認することをおすすめします。

料金／入場料
＊一般の大人料金のみを記載しています

住所

電話番号

MAIL メールアドレス

URL ウェブサイトアドレス

FB Facebook

QRコード
携帯電話など、QRコードがスキャンできるデバイスで
読みとると、各スポットのグーグル・マップが表示されます。

MAP INFORMATION
地図

各章ごとに、以下の通り色分けされた丸印と、
スポット番号が表示されています。

グリーン　　有名スポット＆建築
オレンジ　　文化施設＆アート・スペース
ピンク　　　マーケット＆ショップ
レッド　　　レストラン＆カフェ
パープル　　ナイトライフ

60x60

ベルリン在住のクリエイター60人が紹介する60の見どころ

大都市の景観から、住民たちのちょっとした会話まで、ベルリンには楽しいアイデアがわくきっかけがいっぱい。優れものに鼻がきく60人が、60個の耳より情報をお教えします。

有名スポット＆建築 *Landmarks & Architecture*　スポット・01 – 12

人々から畏敬の念を集める記念碑、改修された建物、廃墟などが、街の過去を伝えるベルリン。あちこち散歩しながら、歴史を振り返りましょう。

文化施設＆アート・スペース *Cultural & Art Space*　スポット・13 – 24

街自体が前衛的なギャラリーのようなベルリンですが、防空要塞や改装された教会、輸送コンテナなど、さらにひねったユニークなスペースでの芸術＆サブカルチャー体験にも挑戦してみましょう。

マーケット＆ショップ *Markets & Shops*　スポット・25 – 36

ベルリン名物、蚤の市は宝探しができる遊園地。同時に、住人たちの暮らしぶりも体感できます。新品が好きなら、世界中から質の高い商品を集めたセレクト・ショップをのぞいてみて。

レストラン＆カフェ *Restaurants & Cafés*　スポット・37 – 48

ベルリンのインターナショナルなグルメを堪能しない手はありません。イタリア料理、韓国キムチから、ドイツ伝統料理、焼きたてのパンまで、食欲を刺激する美味が街のあちこちに。

ナイトライフ *Nightlife*　スポット・49 – 60

スイミングプールをステージにしたライブを観たり、世界的に有名なクラブのフロアで踊ったり、アンダーグラウンドなテクノクラブで我を忘れて騒いだりして、朝日が昇るまで楽しみましょう！

QRコードを読みとると、各目的地を示すグーグル・マップが表示されます。インターネット接続が必要です。

Landmarks & Architecture

有名スポット＆建築

美しい建築物、バウハウスの思想、廃墟

ベルリンは、ほとんどの名所や建物が、波乱に富んだドイツの歴史の影響を受けています。第二次世界大戦中は戦場となり、冷戦中はドイツ分割の中心となったベルリンの街。数十年かかっている戦後の復興期から、実質的にはまだ抜けだせておらず、街のあちこちに弾痕や軍事施設が残っています。でも、モダンな都市への変貌も少しずつ見せ始めており、特に、過去の建築物に敬意を払い、これらを活かしながら進められている新しい建設プロジェクトが、ベルリンのかつての栄光を取り戻そうとしています。ベルリンの歴史を振り返りたいなら、無数にある博物館や史跡をめぐってみてはいかがでしょう？「虐殺されたヨーロッパのユダヤ人のための記念碑」（Holocaustmahnmal 住Cora-Berliner-Straße 1, Mitte, 10117）が、ユダヤ人の犠牲者たちを追悼し、ベルリン・ユダヤ博物館（Jüdisches Museum Berlin 住Lindenstraße 9-14, Kreuzberg, 10969）が、ユダヤ人たちの東ドイツでの生活記録を展示する一方、テロのトポグラフィー（Topographie des Terrors 住Niederkirchnerstraße 8, Kreuzberg, 10963）、旧テンペルホーフ空港（No.7）、トイフェルスベルク（No.10）、トレプトウ公園のソビエト戦勝記念碑（No.1）は、ナチス政権の栄枯盛衰を伝えています。バウハウスに関しては、ベルリンは発祥の地ではないものの、ヴァルター・グロピウスの概念を表現したグロピウス・シュタット（No.6）や、ミース・ファン・デル・ローエが建てたニュー・ナショナル・ギャラリー（Neue Nationalgalerie 住PotsdamerStraße 50, Tiergarten, 10785）など、同校黎明期の作品を鑑賞することができます。最近の注目すべき建築物には、2009年にデイビッド・チッパーフィールドが戦後初の改築を手がけた新博物館（No.13）があげられるでしょう。また、ヘルマン・ヘンゼルマン設計のベルリンテレビ塔（Berliner Fernsehturm 住Panoramastraße 1A, Mitte, 10178）に登れば、360度のベルリンのパノラマが眺められます。

Azar Kazimir
アザール・カジミール

Michelberger Hotel、デザイナー
ロンドン出身のグラフィック・デザイナー＆イラストレーターです。Michelberger Hotelのクリエイティブ・デザイナーでもあります。

Spreepark
P.015

Martin Niklas Wieser
マルティン・ニクラス・ヴィーザー

ファッション・デザイナー
ベルリンを拠点に活動するファッション・デザイナーです。スポーツウェアの細部を一般的な服にとり入れたユニセックスなコレクションに取りくんでいます。

Sowjetisches Ehrenmal
P.014

Jan Paul Herzer
ヤン・ポール・ヘルツァー

Hands On Sound、サウンド・アーティスト
サウンドにまつわる活動をし、小さな会社Hands On Soundを経営しています。サウンドとアートを探求しながら、音響映像やインタラクティブ・オーディオに主に取りくんでいます。

Bauhaus–Archiv
P.016

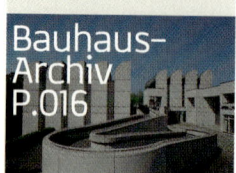

Corbusier-haus
P.018

Pret A Diner
プレット・ア・ティネア

フード＆デザイン・イベント主催者
食の体験とデザインの境界を押し広げようと、Pret A Dinerを立ちあげました。Kofler & Kompanieのベテラン・ケイター、KPコフラーや、アーティストのオリヴィア・スティールからも協力を得ています。

A Nice Idea Every Day
ア・ナイス・アイディア・エブリ・デー

音楽ビデオ監督
ヴィヴィアン・ワイラウフとファビアン・レットガーです。音楽ビデオの監督をやっています。

Enrico Bonafede
エンリコ・ボナフェデ

Mjölk、グラフィック・デザイナー
イタリア人のグラフィック・デザイナー。2010年からベルリン在住です。料理が大好きで、古いデザイン書やレコード、地図の熱狂的なコレクターでもあります。

Deutsches Historisches Museum
P.017

Gropiusstadt
P.019

Lisa Rienermann
リサ・リーナマン

アーティスト
イラストレーション、写真、グラフィック・デザインなど、幅広い領域に取りくむ作家です。写真で文字を表現することが好きです。

Caroline-von-Humboldt-Weg
P.022

Eyal Burstein
エヤル・バーシュタイン

アーティスト
テルアビブで生まれ、ロンドンで育ち、現在はベルリン在住です。長期間の研究を通じてアートとデザインの共生を図ることに取りくんでいます。最近、『Taxing Art』という本を出版しました。

Studio Laucke Siebein
スタジオ・ラウケ・ジーバイン

クリエイティブ・エージェンシー
アムステルダムとベルリンに拠点をおくデザイン事務所。スタッフは、ダーク・ラウケとヨハンナ・ジーバインです。クリエイティブな戦略、アイデンティティ、ブック・デザインに力を入れています。

Tempelhofer Freiheit
P.020

Shell-Haus
P.023

Oliver Wiegner
オリヴァー・ヴィーグナー

**ICE CREAM FOR FREE™、
アーティスト**
2005年から、デザイン＆イラストレーション・スタジオICE CREAM FOR FREE™を、ベルリンのクロイツベルクで運営しています。

Berliner Unterwelten
P.026

Daniel Bolliger
ダニエル・ボリガー

ファッション写真家
スイス出身のファッション写真家＆アート・ディレクターです。ほとんどの制作活動はベルリンで行っています。現在はNYに暮らしていますが、ベルリンは東京に次いでエキサイティングな都市だと思います。

Florian Bayer
フロリアン・バイヤー

イラストレーター＆パブリッシャー
クロイツベルクとノイケルンの間に暮らし、そこで仕事もしています。イラストを描きながら『Shake Your Tree Edition』を編集し、ジンの出版社「Naives and Visionaries」を運営しています。

Teufelsberg
P.024

Schwer-belastungs-körper
P.027

1 ソビエト戦勝記念碑
Sowjetisches Ehrenmal

`P.110、地図M`

トレプトウ公園の中心に静かにたたずむソビエト戦勝記念碑は、第二次世界大戦のベルリン市街戦でナチスと戦い、命を落とした5,000名のソ連軍兵士をまつる慰霊の場。10万㎡の広大な敷地の中心中核を成しているのが、高さ12メートルの巨大なブロンズ像。戦火の中から救出したドイツ人の子供を片手で抱き、もう片方の手でナチスの象徴の鉤十字を銃剣で突き刺すソビエト赤軍兵士の姿をかたどっている。中央の道の両脇には16体のレリーフがずらりとならび、歴史の重みを感じさせる。各レリーフには、ヨシフ・スターリンの言葉がロシア語とドイツ語で刻まれている。

🏠 Treptower Park, Alt-Treptow, 12435

「歴史を感じられるところです。
ややマイナーな場所なので、
広大な敷地をひとりじめにできるかも」
—— Michelberger Hotel、アザール・カジミール

2 シュプレーパーク
Spreepark

P.110、地図M

2001年に経営破綻で廃園となった遊園地の跡地。1969年開園の東ドイツ唯一の常設遊園地で、1989年のベルリンの壁崩壊以前はクルトゥアパーク・プレンターヴァルト（Kulturpark Plänterwald）の名で運営されていた。10年以上も放置されていたため、遊具やアトラクションは錆つき、朽ち果てようとしている。フェンスの綻びから侵入を試みる人も後を絶たないが、真似をするのはおすすめしない。しかし、公園所有者の娘が入口付近で小さなカフェを開き、安い料金で乗れるミニトレインを天気がよいと走らせている週末は、入園可能。この場所がたどった数奇な運命について知りたい人は、彼女が主催するツアーに申し込んでみよう。

開 11:00〜18:00（土・日：開園時間は季節によって異なる）、图 ガイド付ツアー：15€、受付はオンライン予約のみ
住 Kiehnwerderallee 1, Plänterwald, 12437
☎ +49 (0)30 90 25 12 70
URL www.berliner-spreepark.de

「往時の遊具やアトラクションが
ひっそりと朽ち果てていく様は、
不思議だけど独特の味わいがあります」

—— Hands On Sound、ヤン・ポール・ヘルツァー

3　バウハウス資料館
Bauhaus Archiv

P.107、地図G

総合芸術学校バウハウスは、そのモダンさと多様性、寛大さで世界に名を馳せ、ドイツ人の美学に決定的な影響を与えた。ナチス政権下の1933年に閉校に追い込まれたものの、創立者のヴァルター・グロピウスを中心に、その後も活動を継続した。1964年、グロピウスはバウハウスの理念と、その影響に関する資料の収集・整理に着手している。グロピウス自らが設計を手がけた美術館兼資料館は現在、世界最大のバウハウス・コレクションを収蔵しており、教員や生徒たちが残した膨大な数の絵画やスケッチ、彫刻、塑像、家具、金属細工、写真、舞台美術を堪能することができる。資料館は、アート：ベルリン（art:berlin）と連携し、ベルリンやその近郊の近代名建築をめぐるガイド付ツアーを主催している。

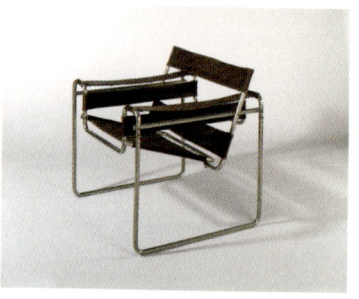

🕙 10:00〜17:00（月・水〜日）
💶 7€（土〜月）、6€（水〜金）、
ガイド付ツアー：15€〜（www.artberlin-online.de参照）
🏠 Klingelhöferstraße 14, Tiergarten, 10785
📞 +49 (0)30 25 40 020　URL www.bauhaus.de

「ベルリンのほんとうに重要な歴史的建造物です」

—— マルティン・ニクラス・ヴィーザー

4 ドイツ歴史博物館
Deutsches Historisches Museum **P.105、地図E**

18世紀初頭に建てられた武器庫を改装したドイツ歴史博物館は、日用品から視覚芸術まで、ドイツの歴史にまつわる膨大な収蔵品を誇る。隣接する展示ホールは、ガラス張りの玄関ホールやらせん階段が目を引き、バロック様式の重厚な本館と好対照をなしている。この新館は、本館の大改装（1994〜98年）時に増設されたもので、ベルリン唯一のイオ・ミン・ペイの作品となっている。ヒンター・デム・ギースハウス通り3番地か、アンドレアス・シュリューター（1664〜1714年）が手がけたガラスの屋根付の中庭（シュリューターホーフ）から館内に入ることができる。

🕐 10:00〜18:00（無休）、
12月24日のみ閉館　💶 8€
🏠 Unter den Linden 2, Mitte, 10117
📞 +49 (0)30 20 30 40
URL www.dhm.de

「よくケータリングで出張しているので、
　　ベルリンでも大のお得意様です！」
—— Pret A Diner

5 コルビュジエ・ハウス

Corbusierhaus

P.111,地図N

建築家ル・コルビュジエ（1887〜1965年）にちなんで命名されたコルビュジエ・ハウスは、第二次世界大戦で家を失った人々のため、戦後に建てられた第3番めの集合住宅（第1号は、フランスのマルセイユで1952年に完成したル・コルビュジエ設計のユニテ・ダビタシオン）。その成功を皮切りに、専有スペースと共有スペースを融合させた「垂直都市」ともいうべき集合住宅が次々と誕生した。ベルリンのコルビュジエ・ハウスは、ドイツの建築法規に則って天井を高くとってあるため、全530戸に十分すぎるぐらいの陽光が差し込む。この建物は、1957年に開催された国際建築展の一環として建てられた。

料 ガイド付ツアー：5€
（www.corbusierhaus-berlin.org 参照）
住 Flatowallee 16, Charlottenburg, 14055
URL www.corbusierhaus-berlin.de

「モジュール建築のユートピアともいえるコルビュジエ・ハウスは、ティアーガルテン地区のハンザフィアテルと並び、1960年代モダン建築の代表作です」
―― エンリコ・ボナフェデ（Mjölk）

6 グロピウス・シュタット
Gropiusstadt

P.111、地図⑥

1960年代前半、集合住宅の建設が相次いだベルリン。理想の集合住宅を体現するスローガンとなったのが「明るさと風通し、日照」だった。ベルリン初の大規模集合住宅となったグロピウス・シュタットは、バウハウスの創立者ヴァルター・グロピウス（1883〜1969年）の理念を体現したひとつの社会的ユートピアだといえる。ノイケルン地区の南のはずれにあるこの建物には、セントラル・ヒーティングからショッピング・センター、学校、コミュニティ・センターまでが完備され、都市生活の利便性と現代的な生活を享受することができる。1961年にベルリンの壁が建設されると、グロピウスの当初の設計に修正が加えられ、敷地面積を縮小するとともに高さも最高30階までに抑えられた。建物が完成したのは、グロピウスの死から6年後の1975年のことであった。

住 Neukölln, 12353
URL www.qm-gropiusstadt.de

「あまりにも奇抜で、ミステリアスで、不気味だけど美しい、ベルリンではひときわ異彩を放つ建物です。30階からは市街を一望でき、ベルリンでも最高の眺望が楽しめます」
—— A Nice Idea Every Day

7 テンペルホーフ自由公園
Tempelhofer Freiheit

P.108、地図K

世界最古の空港のひとつに数えられるテンペル
ホーフ空港の跡地。そのターミナルビルは、ナチス
時代の代表建築である。第二次世界大戦時には、
強制収容所の囚人たちがここで爆撃機を組み立て
る作業に駆りだされた。しかしこの地は、11カ月に
も及ぶベルリン封鎖からソビエト領の東ドイツを
救った空輸作戦の舞台でもあり、ナチス政権の象
徴と自由の象徴、という相反する2つの顔をもって
いる。テンペルホーフ空港は2008年に閉鎖。その
跡地は現在、公園として市民に開放されており、ベ
ルリンの絶景を堪能できる新名所となっている。

圏日の出から日没まで（無休）、ガイド
付ツアー：15:00（土）、14:00（日）
料13€
住Platz der Luftbrücke 5,
Tempelhofer-Schöeberg, 12107
URL www.tempelhoferfreiheit.de

「バーベキュー用のエリアが3か所あるけど、どこも大人気
だから早めに場所を確保して。とにかく広いので、ピクニックに
ぴったり。どこに陣取っても、のびのびと過ごせます」
—— リサ・リーナマン

8　カロリーネ・フォン・フンボルト通り
Caroline-von-Humboldt-Weg　P.103,地図C

カラフルで個性的な集合住宅が立ち並ぶ、カロリー
ネ・フォン・フンボルト通り。市民の持ち家志向に応
えるために、ベルリン市政府が主体となって開発し
た。当初の案では、総床面積450㎡前後の住宅の
建築コストを100万ユーロ以下に抑えることを目指
していた。民間の建設会社に建設を委託し、個性
豊かな建物が軒を連ねたモダンな集合住宅群がベ
ルリンの中心部に誕生した。建設用地の不足が災
いし、残念ながらプロジェクトはここで打ち止めと
なったが、他の都市における都市計画の先鞭をつ
ける役割を果たしたといえる。

住 Caroline-von-Humboldt-Weg, Mitte, 10117

「集合住宅群が建てられたのは2005〜2008年の間。
第二次世界大戦で破壊されたドイツ帝国銀行の跡地を
再開発したんです」
—— エヤル・バーシュタイン

9 シェルハウス
Shell-Haus

P.107、地図G

細長い連窓と、うねるように波打つファサードが特徴的なシェルハウスは、ドイツ人建築家／教育者のエミール・ファーレンカンプ（1885〜1966年）によって設計された。ラントヴェーア運河を見下ろすこの商業ビルは、モダニズムの精神をまさに体現する存在だといえる。2年という異例の早さで建設が完了し、1931年に竣工。特注の窓用取手といったディテールから、換気口を歩道の下に配置し、地面からの振動を鉄鋼の構造体に伝えにくくするといった技術革新にいたるまで、あらゆる意味で画期的な建物だった。第二次世界大戦後から何度も修復を経て今日に至る。

住 Reichpietschufer 60,
Tiergarten, 10785
URL www.shell-haus.com

「2次元と3次元が交錯し、
つねに目の錯覚が起こるのが魅力です。
いろんな角度から見てみて」
── Studio Laucke Siebein

10 トイフェルスベルク
Teufelsberg

P.111、地図P

「悪魔の山」を意味するトイフェルスベルクは、第二次世界大戦後の復興期に造られた人工の丘。この高さ114.7メートルの丘を形成するのは瓦礫だけではない。その奥深くには、未完に終わったナチス陸軍士官学校の廃墟が眠っているのだ。冷戦時には、アメリカの諜報機関の盗聴用施設がここに築かれた。その後、高級ホテル兼アパートの建設計画が持ちあがったものの、開発業者が深刻な赤字に陥り、計画は頓挫。ハリウッド映画監督のデビッド・リンチが、瞑想のための学校を開く理想的な場所として注目したが、その計画も不発に終わった。あたたかい季節には、日曜日になると、たこあげやパラグライダーを楽しむ大勢の人々の姿が見られる。

ガイドなしツアー：12:00～18:00（1時間おきに出発）、年中無休 **料** 7€
ガイド付ツアー：13:00（土・日）**料** 15€
住 Teufelsseechaussee 10, Wilmersdorf, 14193
URL www.berlinsightout.de

「怪しげな建物がいっぱいで、
歴史的にも意義のある場所です」
── オリヴァー・ヴィーグナー（ICE CREAM FOR FREE™）

11　ベルリン地下世界
Berliner Unterwelten

P.108、地図I

大都市ベルリンの地下には、この街の過去を物語る別世界が広がっている。Uバーンのゲズントブルンネン駅の地下にあるこの元地下壕も、かつてベルリンに張り巡らされていた、防空壕から武器庫、刑務所、避難用トンネルまでを備え、市内を縦横に走る地下鉄や歴史ある気送管郵便システムとも連結していた地下迷宮の一部で、戦前・戦中のベルリンの生活や政治の様子をありありと伝える遺物だ。年間を通してさまざまなテーマのガイド付ツアーを実施しているが、チケットは当日券のみで、地下鉄ゲズントブルンネン駅南口横の売り場で購入可。チケット売り場は通常朝10時にオープンする。

ガイド付ツアーの実施時間と料金は、ツアーのテーマにより異なる

🏠 Brunnenstraße 105,
Wedding, 13355

📞 +49 (0)30 49 91 05 17

URL berliner-unterwelten.de

「この薄暗い地下世界は、
得もいわれぬエネルギーがみなぎっていて、必見!
ぜひともツアーを予約して見学してください」
—— ダニエル・ボリガー

12 シュヴェアベラストゥングスケルパー
（ナチス時代の地盤調査用構造物） P.107、地図H
Schwerbelastungskörper

この巨大なコンクリートの円柱は、ナチス時代の遺物。巨大な建造物によって自らの権力を誇示しようとするヒトラーの野望の象徴だった。この事業はヒトラーの主任建築家アルベルト・シュペーア（1905〜81年）が主体となって進められた。「世界の首都」たるベルリンの上で交差する2本の高速道路を建設し、南北ルートの端にあたる地点に巨大な凱旋門を建設するという構想だったのだ。ドイツ語で「大量の物理的負荷」を意味するこの重さ12,650トンの物体は、凱旋門の建設にあたって地盤がどの程度の重さに耐えられるか実験するために建てられたが、第二次世界大戦の戦況悪化によって計画は幻に終わってしまった。1995年に文化財の指定を受けている。

[開] 4〜10月：14:00〜18:00（火・水）、10:00〜18:00（土）、13:00〜16:00（日）
[住] General-Pape-Straße, Tempelhofer-Schöeberg, 12101
[交] ベルリン地下世界（No.11）のツアーS、6€
[料] ガイド付ツアー：ベルリン地下世界（No.11）のツアーS、6€
[URL] www.schwerbelastungskoerper.de/

「とても奇妙な時代に、とても奇妙な人々によって、
とても奇妙な計画を実験するために作られた、
とても奇妙な物体です」
—— フロリアン・バイヤー

Cultural & Art Space

文化施設＆アート・スペース

アーバンアート、新進のギャラリー、個人経営の施設

ベルリンは、クリエイティブな人々が才能を存分に発揮できる街。その自由で多様なカルチャー・シーンは、数多くのアーティストやデザイナー、ギャラリストたちを惹きつけ、アイデアの探求の場となってきました。ベルリンは、食からファッション、音楽、出版にいたるまであらゆる分野のアートを包みこむ懐の深い街なのです。歴史的建築も改装によって新たな命を吹き込まれ、在りし日の面影が残る建物でモダン・アートを堪能するという奥深い体験ができます。レヴァラー通り（No.21）などの通りはエヴォル（Evol）、ブルー（Blu）、ヴィルス（Vhils）をはじめとするアーバン・アーティストたちの作品で彩られ、さながら野外ギャラリーのよう。一方、ポツダム通りやミッテ地区には新進／老舗のギャラリーが立ち並んでいます。博物館・美術館が集まる博物館島（ムゼウムスインゼル）は、1999年にユネスコの世界遺産に登録されました。また、クンストヴェルケ現代美術館（No.17）や活字・看板の保存を目的とした文字看板博物館（No.19）といった個人経営の施設もお見逃しなく。ボロス・コレクション（No.22）もまた秀逸。戦時中に防空要塞として使われていた建物を改装しており、建物内にはコレクターのクリスティアン・ボロスとその家族が暮らしています。19世紀のヨーロッパで人気を博した室内楽を、雰囲気、音響ともに抜群の会場で聴いてみたい人には、クレールヒェンス・ボールハウス・ミラーホール（No.46）がおすすめ。質の高いプログラムを堪能しながらおいしいディナーがいただけますよ。

Sissi Goetze
シッシ・ゴエツツェ

ファッション・デザイナー
ロンドンのセントラル・セント・マーチンズ・カレッジでメンズウェアを専攻し、2010年に修士号を取得しました。卒業後ベルリンに戻り、2011年にファッション・ブランドを立ちあげました。

Bode-Museum
P.033

Jeongmoon Choi
ジョンムン・チェ

アーティスト
韓国人アーティスト。ベルリンとソウルを行き来する生活をしています。いろいろな建築や人間を観察できて、おいしいものがたくさんある大都市が大好きです。

ZWEIDREI
ツヴァイドライ

マルチメディア・アーティスト
建築家・都会派若手エリート。急進的保守派で、ネクタイを締めながら火炎瓶を手にするパンクな人間です。

Neues Museum
P.032

Martin-Gropius-Bau
P.034

Raban Ruddigkeit
ラバン・ルディヒカイト

+Ruddigkeit、アート・ディレクター
1968年生まれ。本の街ライプツィヒの出身。「フライシュティル−ヨーロッパの商用イラストベスト版」(Freistil—Best of European Commercial Illustration) 創設者で、雑誌『Typodarium』と『Poladarium』の共同編集者です。

PLATOON KUNSTHALLE Berlin
P.036

Kunstwerke Berlin
P.037

Tino Seubert
ティノ・ソイベルト

プロダクト・デザイナー
ドイツに生まれ、イタリア、フランス、英国でデザインを学びました。異なるジャンルの橋渡しをする作品、歴史的な場所や素材を想起させる作品を制作しています。

Maiko Gubler
マイコ・グブラー

ビジュアル・アーティスト
デジタル・モデリング・ツールを使って彫像や彫刻を制作しています。仮想と現実が混在した複合現実のもつ無限の可能性に惹かれます。仮想的なものを現実であるかのように用いた作風が特徴です。

abc Art Berlin Contemporary
P.038

Potipoti
ポティポティ

ファッション・ブランド＆ブティック
デザイナーのシルビア・サルバドールとナンド・コルネホによって2005年に設立。グラフィック・デザインとアート、ファッションの間に存在するギャップを埋めることを目指しています。

ST. AGNES
P.042

Li Wolfgang Schiffer
リー・ヴォルフガング・シッファー

広告ディレクター＆エージェント
韓国から養子としてこの国に来ました。現在は広告会社のディレクターとしてベルリンで働いています。本職以外では、ウッドブロック・アンド・セルロイドVFXの精鋭集団の代表を務めています。

Ben & Julia
ベン＆ジュリア

映像＆アートディレクター・デュオ
フランス人のベノア・クレックとスイス人のジュリア・ゴダールが2006年に結成したコンビ。人形や、2D、3Dアニメーションと実写を駆使した映像を制作しています。

Buchstaben-museum
P.040

Revaler Straße
P.043

Our/Berlin
アワー／ベルリン

小規模蒸留所
ペルノ・リカール・グローバル（ジョン・D・サンダース）とポール・サンダース（ポーリーン・ホッホ）のコラボレーション。さまざまな分野で情報の発信やイベントを行っています。

Ehemalige Jüdische Mädchen-schule
P.046

Nicky & Max
ニッキー＆マックス

写真家＆フード・スタイリスト
2～3年前に出会い、食の写真に特化した食べものブログを立ち上げました。ニッキーはロンドン出身のイギリス人、マックスは生粋のベルリンっ子です。

Timo Gaessner
ティモ・ゲスナー

123buero、デザイナー
アムステルダムのヘリット・リートフェルト・アカデミーで学び、2002年に123bueroを設立。書体デザインに特化した独立系出版社、ミリウ・グロテスクも経営しています。

Sammlung Boros
P.044

Galerie Thomas Fischer
P.047

13 新博物館
Neues Museum Berlin

P.104、地図E

第二次世界大戦時の空襲で甚大な被害を受け、60年以上も廃墟のまま放置されていた新博物館。フリードリヒ・アウグスト・シュテューラー（1800〜65年）が設計し、1843〜55年にかけて建設された。大規模な修復作業を経て、ようやく再オープンされたのは2009年のこと。デイビッド・チッパーフィールド・アーキテクツ社が主体となって行われた修復プロジェクトは、以前の姿をただそのまま再現するのではなく、この建物に新たな魂を吹き込んだとして高い評価を受けた。その功績により、チッパーフィールドは2011年にミース・ファン・デル・ローエ賞を受賞している。現在は、エジプト博物館やパピルス・コレクションの収蔵品、先史・初期歴史博物館部門、さらには古典時代の芸術品が多数常設展示されている。

開 10:00〜18:00（金〜水）、10:00〜20:00（木）　料 12€
住 Bodestraße 1-3, Museumsinsel, 10178
☎ +49 (0)30 26 64 24 242
URL www.neues-museum.de

「歴史的な建物があざやかに修復されています。
新たに付け加えた修復箇所が、
損傷を免れた部分と融合しているさまは見事です」
—— シッシ・ゴエッツェ

14 ボーデ博物館
Bode Museum

P.104、地図E

「博物館島」を意味するムゼウムスインゼル・エリアの北端にたたずむ、20世紀の初頭に建てられたドーム状の屋根が特徴的なバロック様式の建物。新博物館と同様に戦争で大きな被害を受け、9年にもおよぶ修復作業の末、2006年に再オープンした。もともとはルネサンス芸術をメインにすえた博物館だったが、今日では中世前期からルネサンス期までの彫刻やビザンチン美術の貴重な収蔵品を中心に展示している。来館者用入り口前のスペースでは（アム・クプファーグラベン通り）、週末と一部祝日の11時から17時までアンティーク＆ブック・マーケット（Antik und Buchmarkt am Bodemuseum）が開催されている。

[開] 10:00～18:00（金～水）、10:00～20:00（木）
[料] 8€ [住] Am Kupfergraben, Museumsinsel, 10117
[☎] +49(0)30 26 64 24 242 [URL] www.smb.
museum/en/museums-and-institutions/bode-
museum/home.html [FB] Bode-Museum

「ベルリンでも屈指の
古典彫刻のコレクションを鑑賞できますよ」
── ZWEIDREI

033

15 マルティン・グロピウス・バウ
Martin Gropius Bau

P.107、地図G

建築家マルティン・グロピウス（1824～80年、ヴァルター・グロピウスの大伯父）とハイノ・シュミーデンが設計した建物。古典様式とルネサンス様式を融合させた建築は、それ自体が芸術品といえる。今日では、文化フェスティバルや現代アートの展示会場としても大きな人気を博しており、アニッシュ・カプーアをはじめとする現代美術の特集、大物アーティストたちの回顧展、ベルリンの歴史など、さまざまなテーマの企画展示を行っている。建物は第二次世界大戦の末期に大きな損傷を受けたが、1970年代に修復された。ベルリン演劇祭（Theatertreffen）を開催するなどドイツの演劇界とも縁が深く、メルツムジーク・フェスティバル（春）、ムジークフェスト・ベルリン（秋）、ジャズフェスト・ベルリン（秋）など、さまざまなジャンルの音楽イベントも主催している。

開 10:00～19:00（水～月）
料 チケット価格はイベントにより異なる
住 Niederkirchnerstraße 7, Kreuzberg, 10963
☎ +49 (0)30 25 48 60　URL www.gropiusbau.de

「昼過ぎから混んでくるので、
できるだけ早い時間に行くのがおすすめです」
—— ジョンムン・チェ

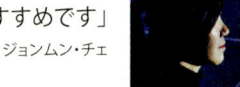

16　プラトゥーン・クンストハレ・ベルリン
Platoon Kunsthalle Berlin　**P.105,地図E**

34個のコンテナからなるプラトゥーン・クンストハレ・ベルリンは、クラブ・カルチャーを楽しめる都会の遊び場。アート集団プラトゥーンや、ゲスト・キュレーターたちが手がけたカルチャー・スペースと居住スペースをそなえたモジュール式建築は、アイディアの実験場と呼ぶにふさわしいダイナミックな空間だ。ここで制作された作品は一般に公開されており、ストリート・アートから音楽、メディア・アート、デザイン、ビデオ・アートまで、ジャンルの異なるさまざまな作品は見る者を大いに刺激してくれる。定期的なイベントとしては、お祭りのような盛り上がりを見せるヴィンテージ・ファッション・フェアが毎月開催されており、毎週木曜には木曜バー（Donnerstagsbar）というパーティー・ナイトも開かれている。ミニ・コンサートは通常21時開演で、深夜まで続く。

開 9:00〜0:00、無休
住 Schönhauser Allee 9,
　Kollwitzkiez, 10119
電 +49 (0)30 28 88 21 60
URL www.kunsthalle.com/berlin

「平凡な建築ばかりのミッテ地区では必見の場所。
いつ行っても刺激をもらえますよ」
—— ラバン・ルディヒカイト（+Ruddigkeit）

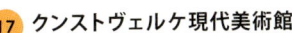

17 クンストヴェルケ現代美術館
Kunstwerke Berlin　P.105、地図E

クンストヴェルケ現代美術館（KW）は、MoMAの総合キュレーターを務めるクラウス・ビーゼンバッハと若手芸術家たちによって1990年代前半に設立され、若手芸術家や他の美術館と連携して現代美術の展示を常時行っている。また、2014年に第8回目の開催を迎える現代アートの祭典、ベルリン・ビエンナーレの発起人としての顔も持つ。建物内には図書室のほか書店もあり、ダン・グラハムが構想し1999年に建築家のヨハンヌ・ナルバッハが完成した入場できる作品を、カフェ・ブラヴォーとして堪能することもできる。館内のフィード・サウンドスペース（FEED Soundspace）では、サウンドアートをテーマとしたインタラクティブな討論会やコンサートが開かれている。

開 12:00～19:00（水～月）、12:00～21:00（木）　料 6€
住 Auguststraße 69, Mitte, 10117
☎ +49 (0)30 24 34 59 0
URL www.kw-berlin.de、FEED：www.6554.de

「大きな美術館だと、世界の名だたる美術館10軒ぐらいで
展示された実績のある作品しか取り扱わないけど、
ここはそんなことはありません」
―― ティノ・ソイベルト

18 abcアート・ベルリン・コンテンポラリー
abc art berlin contemporary

2008年にギャラリー9軒が手を組み、アーティスト
自体に焦点を当てた展覧会を開催したのが発端。
今日では、毎年多くの人が開催を心待ちにする大
人気アート・フェスティバルとなっており、参加する
ギャラリーの数も年々増えている。2013年には、有
名作品やサイトスペシフィック作品*など、100を超
えるアート・プロジェクトが、その年のテーマに合
わせて会場を彩った。近年では、ベルリン・アート
ウィークやベルリン・アートブック・フェアもあわせ
て開催され、オープニング・パーティーやトーク・
ショーも名物となっている。展示物だけでなく、参
加アーティストたちのレクチャーやパフォーマンス
にも注目。

＊特定の場所に帰属する作品や、置かれる場所の特性を活か
した作品。

毎年9月中旬
営業時間、チケット価格、会場は
年によって異なる
URL www.artberlincontemporary.com

「出展しているギャラリーの中で私のお気に入りは、Kraupa-
Tuskany Zeidler、Tanya Leighton、Galerie Thomas Fischerと
Société。Future Galleryも、そろそろ参加してほしいな！」
—— マイコ・グブラー

19 **文字看板博物館**
Buchstabenmuseum　**P.102、地図A**

活字にまつわるカルチャーに触れたり、レトロな看
板を目にすることができる、ノスタルジック好きや
文字好きの人にはたまらない場所。バルバラ・デ
シャントとアーニャ・シュルツェの2人が個人的に
収集していたコレクションを、2005年に博物館とい
う形で公開したのが始まり。かつて電車の駅や魚
屋の店先を彩っていたアクリルやメタル素材の看
板を救い出して修復し、そのデザインやストーリー
を後世に残すことを使命としており、コレクション
からは時の重みと確かな存在感を感じることができ
る。個人経営の博物館のため、経営は不安定。訪問
すれば、2人の取り組みを支援することにつながる。

🕐 13:00〜17:00（木〜日）　💴 6,50€
ガイド付きツアー（要予約）：
35€（25人まで一律料金、現金払のみ）
🏠 Holzmarktstraße 66, Mitte, 10179
📞 +49 (0)17 74 20 15 87
URL www.buchstabenmuseum.de

「館内で写真を撮ったり、
そこにある文字で文章を作ったりできるのが楽しいです。
ベルリンでも穴場の、お気に入りの博物館！」
—— Potipoti

⑳ 聖アグネス教会
ST. AGNES

P.103、地図D

かつて教会として使われていた建物。改装を経て、アートの聖地としてまもなく再オープンをむかえる。建物はヴェルナー・デュットマン（1921〜83年）の設計により1967年に竣工。戦争で破壊された住宅地に復興支援のために建てられ、むき出しのコンクリートとレンガのブルータリズム様式が特徴的である。利用者の減少に伴い解体が決まっていたものの、その後改修計画がもちあがった。天窓付のチャペルを修復し、ヨハン・ケーニヒが経営する人気ギャラリーの展示ホールへと改装するという計画で、建築家のアルノ・ブランドルフーバーが総責任者を務めている。改装のため、2014年秋まで閉館。

🈺 営業時間はイベントにより異なる
🏠 Alexandrinenstraße 118-121, Kreuzberg, 10969
☎ +49 (0)30 26 10 30 80
URL www.st-agnes.net

「アート好きや建築ファンは必見です！」
——— リー・ヴォルフガング・シッファー

㉑ レヴァラー通り
Revaler Straße

P.103、地図A

フリードリヒスハイン地区を貫く約1.2kmの通り。アンダーグラウンドな建物や工場の廃墟が立ち並び、ストリート・アートのメッカになっている。有名アーティストたちの描いた巨大な作品が通りを彩り、なかでも、描いては消すという作業を繰り返してつなげたコマ撮り動画で世界的に有名なイタリアのストリート・アーティスト、ブルー(Blu)の作品が代表的。壁一面グラフィティに覆われた99番地の建物は1世紀もの歴史があり、ギャラリーとベジタリアン・レストラン、テクノクラブが入居する複合施設となっている。1日の締めくくりには、モーデルゾーン鉄橋(Modersohnbrücke, Modersohnstraße)までの散策がおすすめ。夏の間は、運がよければ、夕暮れまでダンスに興じる人々の姿を眺められる。

㊹ Friedrichshain, 10245

「RAWフリーマーケットが開催される日曜
(㊹Revaler Straße 99 ㊰9:00〜17:00)がおすすめです」
―― Ben & Julia

22 ボロス・コレクション

Sammlung Boros

P.105, 地図E

1990年から今日までの現代美術の逸品を集めた
ボロス・コレクション。戦時中のブンカー（防空要
塞）を改装した美術館で公開されており、広告会社
経営のアート・コレクター、クリスティアン・ボロス
とその妻によって運営されている。夫妻はまた、彫
刻からスケッチ、インスタレーション、写真にいた
るまであらゆる媒体のキュレーションを自ら手がけ
ている。第1部（2008～12年）に続き、第2部（2012
年～）が現在開催中で、面積3,000㎡、80室という
広大な空間のなかで、アイ・ウェイウェイ、オラ
ファー・エリアソン、ヴォルフガング・ティルマンス
といったアーティストたちのサウンド・インスタレー
ションや作品を堪能することができる。ボロス夫妻
は、屋上に建てたジェンス・カスパー設計のペント
ハウスで生活している。

🈺 ガイド付ツアーのみ：木～日　🈯 12€、
オンライン予約必須
🏠 Bunker Reinhardtstraße 30, Mitte, 10117
✉ info@sammlung-boros.de
🔗 www.sammlung-boros.de

「現代美術のコレクションが秀逸なギャラリーです。
1～2カ月前に見学ツアーに申し込んで」
── Our/Belrin

23 旧ユダヤ人女子学校
Ehemalige Jüdische Mädchenschule `P.105、地図E`

ナチス政権誕生前後のベルリンに暮らしたユダヤ
人たちがたどった数奇な運命を匂わせる、屋上庭
園や体育室を備えたユダヤ人女学校の校舎跡。著
名なユダヤ人建築家アレクサンデル・ビーア（1873
〜1944年）による、1930年代に隆盛した近代校舎
の先駆けとなったモダン建築だ。1942年にナチス
に閉鎖された後、2009年、建物は正式にユダヤ人
コミュニティに返還された。改装は最小限にとどめ
られ、かつて体育室と職員室だった部屋には2軒
の素敵なレストランが、教室があったフロアには、
世界で2番目の規模となるケネディ博物館とギャラ
リー4軒が入居している。建物の改装を提案したミ
ヒャエル・フックスも、テナントとしてギャラリーを
構えている。アイゲン+アート・ギャラリー（Galerie
EIGEN + ART）の支部であるアイゲン+アート・ラボ
（EIGEN + ART Lab）は、インスタレーションや、ベル
リン以外を拠点に活動する作家の作品を中心にコ
レクションしている。

🕐 営業時間はギャラリーにより異なる
🏠 Auguststraße 11-13, Mitte, 10117
📞 +49 (0)30 33 00 60 70
URL www.maedchenschule.org

「ユダヤ風デリのお店、モッグ＆メルツァー（Mogg and Melzer）
のパストラミ・サンドイッチは絶品で、そのためだけにでも行く
価値あり。ランチは12時前に行って席を確保しましょう」
—— Nicky & Max

24 ギャラリー・トーマス・フィッシャー
Galerie Thomas Fischer
P.107、地図G

歴史の浅いギャラリーでは、老舗ギャラリーのような濃い芸術体験はあまり期待できないもの。でも、元ギャラリー・トーマス・フィッシャーは一味違う。元ターゲスシュピーゲル社の所有だった建物の中庭から曲線を描く階段を上ったところにあるこのギャラリーでは、設立者でありコンセプチュアルアート・マニアでもあるトーマス・フィッシャーが手がける意欲的な展示を堪能することができる。この界隈はギャラリーが集中しているので、十分な見学時間を確保するようにしたい。50番地にあるノイエ・ナショナルギャラリー（Neue Nationalgalerie）では年間を通して秀逸なプログラムを提供しており、ミース・ファン・デル・ローエ（1886〜1969年）設計の美しい建物と彫刻庭園も必見だ。

開 11:00〜18:00（火〜土）
住 1/F, Haus H, Potsdamer Straße 77-87, Schöneberg, 10785
☎ +49 (0)30 74 78 03 85
URL www.galeriethomasfischer.de

「ギャラリーのオーナーに積極的に話しかければ、
作品についてじっくり解説してもらえますよ」
—— ティモ・ゲスナー（123buero）

Markets & Shops

マーケット＆ショップ

フリーマーケット、アートブック・ショップ、セレクト・ショップ

ベルリンはアンティークのメッカ。街のあちこちで、さまざまな蚤の市が開かれています。骨董品、本、中古品、音楽、手工芸品、ヴィンテージ・ポストカード、特注の活版印刷名刺などなど・・・を扱っているマーケットのなかから、おもしろいスポットを少しだけ選び、この章とカウント・トゥ10で紹介しました。でも、どこかにもっとお宝が隠されているはずなので、勇気を出して地元っ子に聞いてみることをおすすめします。マーケット同様に数が多く、種類も幅広いインディペンデントなアートブック・ショップも、この街に刺激を与え続けています。イタリアのアート・シーンに力を入れる出版社＆デザイン・スタジオ、ラウム・イタリック（No.27）はそのひとつ。希少本や絶版本の書庫として、あるいは、展覧会、フォーラム、トークショー、出版記念イベントが活発に開かれるスペースとして知られています。ベルリンの書店は定期的に通うだけで、ドイツ国内外のアート＆デザインの今に触れ続けることができるのです。地元っ子の生活に総合的にふれてみたいと思ったら、ほとんどがドイツ製の洗練された生活雑貨と文具がたっぷりストックされたマヌファクトゥム（No.31）はいかが？ ファッションに興味津々だったら、アンドレアス・ムルクディス（No.26）、ブーストア（No.25）、クアルティーア206（No.30）などのセレクト・ショップに行けば、国内外のオートクチュールやデザイナーズ・ブランドがそろっています。ベルリンらしいユニークな買物がしたかったら、グラフィック・デザインをフィーチャーした商品を扱うデューズ・ファクトリー（No.32）や、個性的だけれどかわいい家庭雑貨がセレクトされたズパーストア（No.28）へ、ぜひどうぞ。

Sigurd Larsen
シグルド・ラーセン

建築家
デザイン、芸術、建築分野で活動するデンマーク人の建築家です。複雑なスペースにおいて、質の高い素材の美しさと、機能性にフォーカスしたコンセプトとを融合させることに取りくんでいます。

VooStore
P.052

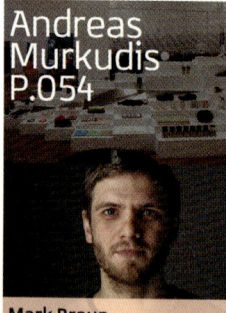

Andreas Murkudis
P.054

Mark Braun
マーク・ブラウン

インダストリアル・デザイナー
ベルリンでスタジオを運営し、オーセンティックス社やロブマイヤー社など向けに家具や什器などの設計を行っています。Saatchiなどのギャラリーで、スタジオの作品が展示されています。

Robert Hanson
ロバート・ハンソン

イラストレーター
イギリス出身のイラストレーターです。ベルリンに暮らして5年になります。

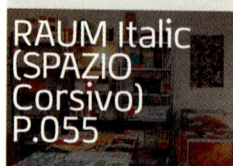

RAUM Italic
(SPAZIO
Corsivo)
P.055

Judith Seng
ジュディス・セン

アーティスト
現代文化とその具現化を研究しています。活動範囲は、対象物と空間の研究、実験、創造です。

Süper Store
P.056

Motto Berlin
P.057

Eva Gonçalves
エヴァ・ゴンサルベス

アンフィニッシュド・インベントリー、デザイナー
ベルリンを拠点に活動するポルトガル人のコミュニケーション・デザイナー、リサーチャー、ライターです。友人たちと共同でデザイン・スタジオ／スペース、Salon Renateを設立。デザイン・ブログもやっています。

Michael Sontag
ミヒャエル・ゾンタク

ファッション・デザイナー
一般的なファッションの境界をあいまいにし、シーズン、トレンド、消費者の年齢といったファッションのパラメーターから切り離された普遍性を創造しています。

Quartier
206
P.058

Ryu Itadani
板谷龍一郎

アーティスト
都市、モノ、自然をテーマに描く画家です。絵を描くときは、先に線を、次に色を見ます。

Dudes Factory P.060

Michael Rosen
ミヒャエル・ローゼン

ジャーナリスト
ベルリンに構えたエージェンシー「Digital」を通じてユニークなイベント・コンセプトの開発、監督、提供を行い、世界中で活動しています。

Manufactum P.059

Guillaume Kashima
ギョーム・カシマ

アーティスト
ベルリンに暮らして6年になります。以前は、クラブ・シーンのエネルギーのようなものが好きでしたが、年をとるにつれて、この本でおすすめしたような目立たないけれどクールな場所が好きになってきました。

Nowkölln Flowmarkt P.061

Bjorn Andersson
ビョルン・アンダーソン

プロダクト・デザイナー
デザイン・アーキテクトとしてNY、ストックホルム、上海で10年間働いたあと、ベルリンでスタジオを立ちあげました。作品が、DMY（ベルリン）やロンドン・デザイン・ウィーク2013で展示されています。

Flohmarkt Friedrichshagen P.064

Siriusmo
シリウスモー

ミュージシャン
シリウスモーといいます。いかすエレクトロニック・ミュージックを作ってます!;)

Veronika Wildgruber
ヴェロニカ・ビルトグルーバー

アイウェア・デザイナー
イタリアでプロダクト・デザインを学んでからパリとロンドンで長年働きました。2011年にベルリンでVeronika Wildgruber eyewaerを立ちあげました。

Trödelmarkt Arkonaplatz P.062

Markthalle Neun P.065

25 ブーストア
VooStore

P.102、地図A

オラニエン通りに面した古びたビルの小さな中庭
には、その静けさとは裏腹に、よいものがたくさん
隠されている。とりわけ、元鍵屋だった部屋に入居
しているブーストアは、アンティークなインテリア
に、センスのよいハイファッションやストリートウェ
アが飾られ、趣味のよい雑誌コーナーがあり、小さ
なカフェ、コンパニオン・コーヒー（No.38）も併設
されている、いつまでもいたくなる居心地の良い
お店（おまけに、店員さんもすてき）。店内では雑
誌の出版記念パーティーやファッション・イベント
も開催されている。買物を終えたら、中庭に面した
25番地のビルに足を運ぼう。その3階の、まだあま
り知られていないスポット「ムゼウム・デア・ディンゲ
（Museum der Dinge：モノの博物館）」で、日常
生活をテーマにした興味深い展示が観られる。

圏 11:00〜20:00（月〜土）
住 Oranienstraße 24,
　 Kreuzberg, 10999
☎ +49 (0)30 616 511 19
URL www.vooberlin.com

「ぼくが作った家具が、この店で展示／販売されています。
　　コーヒーの味はクロイツベルクで一番ですよ」

—— シグルド・ラーセン

26 **アンドレアス・ムルクディス**
Andreas Murkudis　`P.107、地図G`

アパレル・ショップというよりはギャラリー、商業的になるよりも有名ブランドを目指す、アンドレアス・ムルクディスのハイエンドなテイストとライフスタイルへのビジョンがよく感じとれる1,000 ㎡のセレクト・ショップ。照明と家具は、ドイツ人建築家ゴンツァレス・ハッセの設計。ゆるやかに区分された白いスペースには、ハイファッションから既製服まで、国際的なデザイナーズ・ブランドの商品が並んでいる。なかでも、アンドレアスの兄弟であるファッション・デザイナー、コスタス・ムルクディスが手がけた商品は要注目。一緒に並べられているデザイン・オブジェや生活雑貨、子ども用品のセレクトもユニークだ。

開 10:00〜20:00（月〜土）
住 Potsdamer Straße 81E,
Tiergarten, 10785
☎ +49 (0)30 68 07 98 306
URL www.andreasmurkudis.com

「デザインとファッションに興味がある人は要チェック！
ほかにはないレアなモノやファッションに出会えます」
—— マーク・ブラウン

27 ラウム・イタリック（スパツィオコルシーヴォ）
RAUM Italic（SPAZIO Corsivo）　　P.103、地図B

インディペンデントなギャラリーやお店が多い、ヒッピー・ムード漂う地区プレンツラウアー・ベルクのはずれの路地裏にあるラウム・イタリックは、イタリアのアートとデザインを愛する芸術家やデザイナーたち注目の書店。イタリアの独立系出版社コッライーニ・エディツィオーニ（Corraini Edizioni）の販売先として提携しているほか、同店発行の出版物や、ポロ・ペーパー社（イタリア）、ラース・ミュラー社（スイス）などによるジンやフィクション／ノンフィクションの出版物も豊富にとりそろえている。新人アーティストの展覧会や、フォーラム、本の紹介イベント、ワークショップなどもやっているので、ウェブサイトをチェックしよう。

開 12:00～19:00（月）、10:00～19:00（火～土）
住 Schliemannstraße 29, Prenzlauer Berg, 10437
☎ +49 (0)30 94 05 76 65
URL www.raumitalic.com

「ぼく好みのデザインやイラストレーションの本が
そろっています。思いがけない良書が多く、
ほかではお目にかかれない品ぞろえです」
—— ロバート・ハンソン

28 ズパーストア
Süper Store

`P.109、地図L`

その名が示すとおり、部屋のインテリアをおしゃれだけど、かわいくしたい人のためのユニークな商品が驚くほど豊富にそろったお店。19世紀の助産学校で使われていたエレガントなコウノトリ形のはさみから、派手な装飾がついたトルコの銅製ボウル、木製トイ、お店オリジナル・ブランドのトートバッグまで、シンプルだけど華やかなインテリアを実現するための品々がそろっている。買物後に、街一番のベーグルとケーキを焼いて販売しているお隣のバックアートGbRアンドレアス・ウント・コーデリア・ファナー（Back-Art GbR Andreasund Cordelia Pfanner）をのぞくのも、ここの常連客の楽しみのひとつ。

開 11:00〜19:00（火〜金）、
11:00〜16:00（土）
住 Dieffenbachstraße 12,
Graefekiez, Kreuzberg, 10967
☎ +49 (0)30 98327944
URL www.sueper-store.de

「どうしても欲しくなってしまうような、
すてきなアイテムがそろったお店です」

—— ジュディス・セン

29 モットー・ベルリン
Motto Berlin

P.102、地図A

アーティスト、デザイナー、インディペンデントな出版人、印刷物コレクターたちのメッカとなっている書店。スカリッツァー大通りに面した元工場の中庭という奥まった場所にあるにもかかわらず、開店するとすぐに満員になる。同店は、一般の書店が見過ごしがちな珍しい出版物をストックしているばかりでなく、本の発売記念イベント、読書会、展覧会、トークショーなどのイベントを定期的に開催している。アート、写真、タイポグラフィ、グラフィック・デザイン分野の書籍を専門的に取り扱っている。

開	12:00～20:00（月～土）
住	Skalitzer Straße 68, Kreuzberg, 10997
☎	+49 (0)30 48 81 64 07
URL	www.mottodistribution.com

「時間のあるときに、予算をたっぷり用意して行くのがおすすめ。現在のクリエイティブ・シーンでなにが起きているかを知るのに最適な場所です」

—— エヴァ・ゴンサルベス

30 クアルティーア206
Quartier 206

`P.103, 地図C`

オーナーでインテリア・デザイナーのアンネ・マリア・ヤクトフェルト自らが、国内外のファッション・ブランドからセレクトした商品を販売する高級モール。イザベル・マラン、ドリス・ヴァン・ノッテン、マノロ・ブラニクといったファッション界のスターたちの商品が充実している。NYの設計事務所ペリ・コッブ・フリード＆パートナーズによる、大理石の格子柄の床や星形の天窓を採りいれたアールデコ様式の内装は、息をのむ美しさ。同店から地下通路を進み、通りを挟んだ向かい側にあるギャラリー・ラファイエットのジャン・ヌーヴェル設計のガラス製じょうごや、クアルティーア205に飾られているジョン・チェンバレン作の追突した自動車の立体作品もぜひ鑑賞しよう。

開	11:00〜20:00（月〜金）、10:00〜18:00（土）
住	Friedrichstraße 71, Mitte, 10117
URL	www.dsq206.com

「ベルリンはアンティークの都だけれど、
古いものが好きじゃない人は、ぜひこのお店に行って
ミヒャエル・ゾンタクの服を買ってください ;)」
—— ミヒャエル・ゾンタク

31 マヌファクトゥム
Manufactum

P.108、地図J

グッド・デザイン、伝統工芸品、高級素材を求めて
やまないライター、シェフ、ガーデナー、趣味人た
ちにとっては天国のようなお店。エルンスト=ロイ
ター=プラッツに近い7階建てのこの倉庫には、低
価格だけど高品質な文具、工具、家庭用品、おもちゃ
がぎっしり詰まっている。どの商品も、見た目よし、
さわり心地よし、使ってよしの良品ぞろい。資金を
たっぷり用意して宝探しに出かけ、買物が終わった
ら、隣のブロット＆バターで冒険を締めくくろう。マ
ヌファクトゥム館内にあるこの小さなビストロ＆
ベーカリーでは、見るからにおいしそうに焼きあ
がった自家製パンに、いれたてのコーヒーや軽食
がいただける。

開 10:00〜20:00（月〜金）、10:00〜
18:00（土）　住 Hardenbergerstraße
4-5,Charlottenburg, 10623
TEL +49 (0)30 24 03 38 44
URL www.manufactum.de

> 「店内を歩きまわると楽しいですよ。
> "ドイツ製品"がたくさんあります」
> —— 板谷龍一郎

32 デューズ・ファクトリー
Dudes Factory

`P.105,地図E`

日常生活にグラフィックアートを融合させるという信念をテーマに掲げるブランド。制作スタイルや姿勢にはっきりとした特徴があるアーティスト、イラストレーター、デザイナーの精鋭たちで構成されたネットワークの協力を得て、ギャラリーや店舗で、テーマを掲げたアート・プロジェクトを定期的に実施。その成果を活用して、ユニークな小物、メンズ&ウィメンズ・ファッション、スケボー・アートを継続的に生みだすフローを実現している。作品は、木版画、スクリーンプリント、デジタルプリント、作家自らが印刷したオリジナルプリントの形でリリースされている。店内でデジタルプリントするのは、正真正銘のベルリン製であることを明示するため。

開 12:00～20:00（月～土）
住 Torstraße 138, Mitte, 10119
☎ +49 (0)30 40 00 58 99
URL www.dudes-factory.com

「お店で買いたいモノが見つからなかったら（ありがちです）、オーダーメイドしましょう。プリントを選んで指定すれば、ピザを頼むように簡単にできますよ!」

—— ギョーム・カシマ

33 ナウケルン・フローマルクト
Nowkölln Flowmarkt `P.109、地図L`

クロイツベルクとノイケルンの重複地域にあることから「ナウケルン」と名づけられた隔週開催のマーケット。登場してすぐに、大勢の(スタイリッシュな)常連客がラントヴェーア運河の堤防に毎回詰めかけるように。屋台や若いデザイナーたちが、中古品、おいしい食べもの、アート、音楽、オリジナルの手工芸品などの商品を広げると、あたりがとたんに楽しげなムードに変わる。レアな商品が欲しければ午前中に、最安値で買物したければ夕方に行くとよいのだそう。午後は食べもの屋台が一番充実し、ストリートミュージシャンによる生演奏も聴ける。暖かい時期が特におすすめ。

 開 10:00〜18:00(第1＆第3日曜、冬をのぞく)
住 Maybachufer 31, Neukölln, 12047
URL www.nowkoelln.de

「近くにはトルコ系マーケット(火・金11:00〜18:30)もあり、
カラフルな野菜やさまざまなトルコ料理を売ってます」
—— ミヒャエル・ローゼン

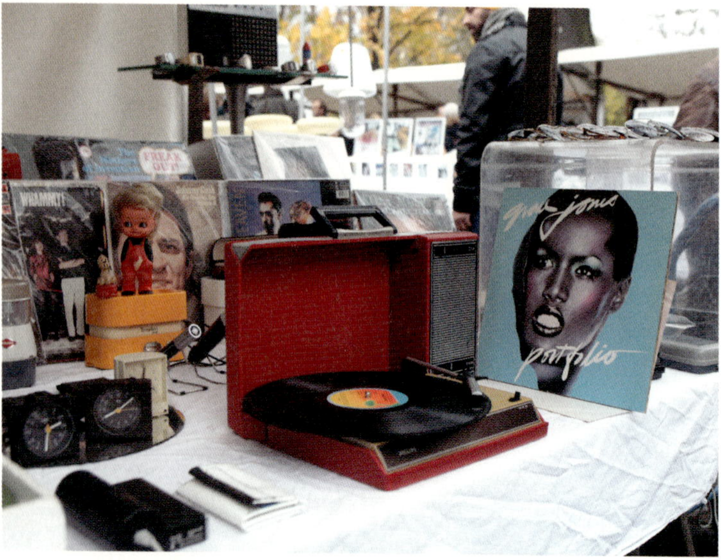
FREAK OUT!
portfolio

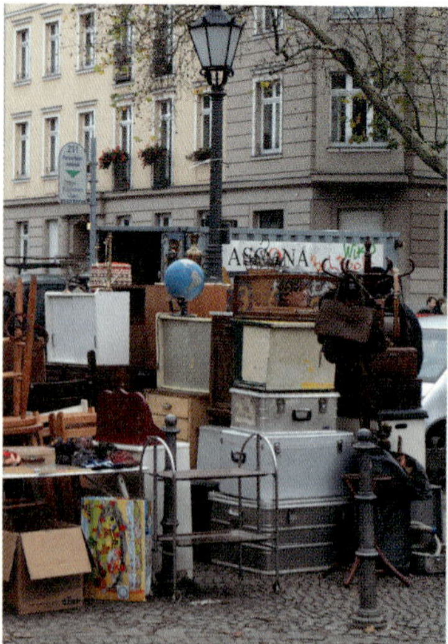
ASCONA

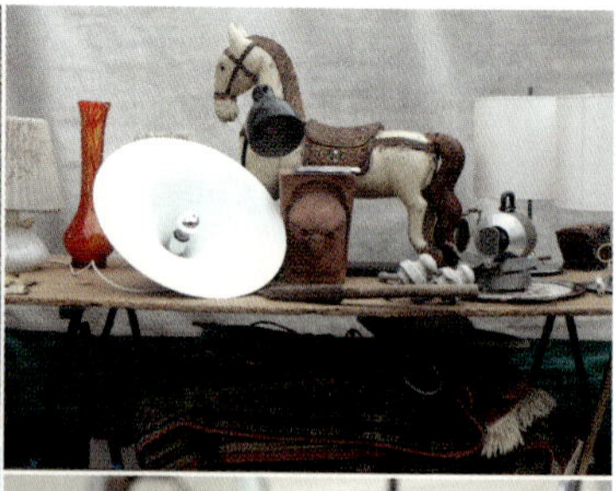

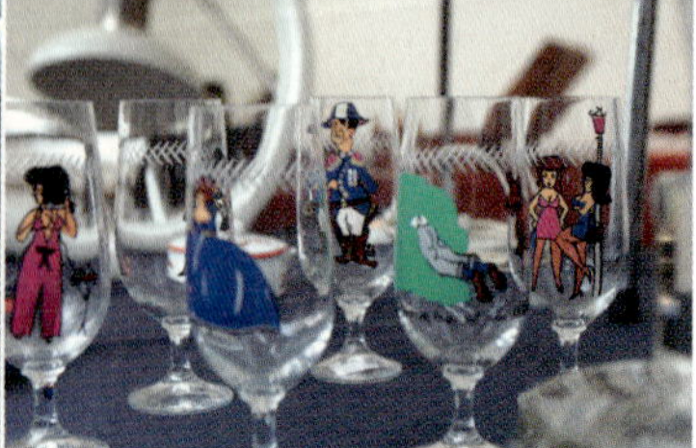

34 アルコーナープラッツ蚤の市
Trödelmarkt Arkonaplatz `P.105、地図E`

マウアー公園の日曜マーケットが、洋服から屋外カラオケまで、なんでも手に入るよろずマーケットとして有名だとしたら、ここは地に足がついた買物ができる場所だといえる。小規模で適度に商品がそろった、地元住民のための親しみやすいマーケットだ。ここの目玉は、本物のヴィンテージ家具、50〜60年代の雑貨、レトロな洋服など。近隣の店なら高値をつけそうな、きれいで状態のよいものが多く、商品の回転も速い。良品はすぐになくなるので、お買い得品が欲しければ午前中に来るのがおすすめ。

開 10:00〜16:00 (祝日をのぞく日曜)
住 Arkonaplatz, Kiez, 10435
URL www.troedelmarkt-arkonaplatz.de/

「アンティークをのんびり買物したいならここです。
くつろげるカフェやアイスクリームショップも
近所にありますよ」
—— ビョルン・アンダーソン

35 🔖 フリードリヒスハーゲン蚤の市
Flohmarkt Friedrichshagen　`P.106,地図F`

ベルリンのフリーマーケットはどこでも、ちょっとした冒険ができる。屋台から屋台へと移動する度に、必ずなにかしら驚きがあるからだ。日曜の朝にぜひ足をのばしてほしいのが、Sバーン・フリードリヒスハーゲン駅の真横で開かれるアート＆アンティーク・マーケット。ほかの有名マーケットに比べて観光地らしさはなく、東ドイツ時代の古い品物が多数売り出される。ランチタイムは、ベルシェ通りを5分程歩くとある、辺りでも味の良さで有名なレストラン、ディー・スピンデル（Die Spindel 🅷 Bölschestraße 51）で過ごそう。美しいミュクゲル湖のほとりで屋外ランチをとるのも、おすすめ。

🄾 8:00〜16:00（日）
🄷 S-Bahnhof Friedrichshagen,
Friedrichshagen, 12555

「都心のマーケット以外で一番面白いのが、ここ。
住民たちの物置にあった掘りだしものが、
いっぱい並びますよ」
—— Siriusmo

36 マルクトハレ・ノイン
Markthalle Neun

P.102、地図A

2011年にスーパーマーケットに換えられることをかろうじて免れたせまい路地のマルクトハレ・ノインは、個人経営のパン屋、スモークハウス、ブルーワリーパブ、食堂で今もにぎわっている。食堂は120年もの間、産地直送品を料理して出す方式を続けており、料理人が食材、オーブン、お客の間を忙しく歩きまわっている。このマーケットが特に活気づくのは、農家や仲買人が、新鮮な農産物、チーズ、加工肉、ケーキなどの商いに集まる金曜日と土曜日だが、木曜日のストリート・フード・サーズデーも見逃せない。プロとアマの料理人が入り乱れ、ドイツの伝統料理からビーガン料理まで、さまざまな屋台がにぎやかに並ぶ、ストリートフードの祭典だ。混雑を避けるため、早めの時間に来るのがおすすめ。

開 ウイークリー・マーケット：10:00〜18:00（金・土）、食堂：12:00〜16:00（月〜土）、ストリート・フード・サーズデー：17:00〜22:00（木）　**住** Eisenbahnstraße 42/43, Kreuzberg, 10997　**URL** www.markthalleneun.de

「ランチをとるなら金曜と土曜に。木曜夜のフード・マーケットもおすすめ。地元料理やオーガニック料理が食べられ、雰囲気も抜群です」
—— ヴェロニカ・ビルトグルーバー

Bitte
AM TRESEN
bestellen

Öffnungszeiten
MON-FREI 8³⁰-19⁰⁰
SAT, SONN+FEIERTAGE
10⁰⁰-19⁰⁰

Gäste,
vom 24.
inklusive
Urlaub.
Wir wünschen Euch
einen guten Rutsch.

Restaurants & Cafés

レストラン＆カフェ

スタイリッシュなカフェ、エスニック料理、歴史のあるダンスホール

ベルリンの食の多様さは、この街の移民の歴史と、才能の開花を目指す学生や頭脳を世界中から引きよせる、エキサイティングなクリエイティブ界のパワフルさを物語っています。この文化の都ではトルコ人、イタリア人、ベトナム人、韓国人が増え続けていますが、それに合わせてレストランもどんどん多彩になっています。エスニック料理は、家庭の味と、オリジナリティあふれるフュージョン料理の両方が、ベルリンの多文化的魅力を高めているのです。とはいえ、この国の食の中核をなす、サワードゥ・ブレッド、プレッツェル、カレーブルスト、シュニッツェル、シュバイネハクセのザワークラウト添えといった伝統的なドイツ料理も、ぜひとも味わいたいもの。本物のドイツの味が知りたかったら、旧ユダヤ人女子学校（No.23）内にあるパウリ・サール（Pauly Saal）、クレールヒェンス・バルハウス（No.46）、オーストリア（Austria 住 Bergmannstraße 30, Kreuzberg, 10961）がおすすめ。アイアーシュペッツレ（卵のシュッペツレ）、シュバイネブラーテン（ローストポーク）、ヴィーナー・シュニッツェル（ウィーン風カツレツ）、アプフェルシュトゥルーデル（リンゴの菓子）が食べたかったら、ヴェルトレストラン・マルクトハレ（Weltrestaurant Markthalle 住 Pücklerstraße 34, Friedrichshain-Kreuzberg, 10997）に行けば、まちがいありません。のんびり過ごしたい午後は、本書で地元クリエイターたちがおすすめしている名物カフェの自家焙煎コーヒーでくつろぐのもよいでしょう。コーヒーにうるさいベルリンっ子たちは、おいしいコーヒーのいれ方をよく知っています。それは、自家製パン、ケーキ、パイについても同じこと。さあ席について、どうぞ召しあがれ！

Aram Bartholl
アラム・バーソル

アーティスト

インターネットとコンピューターをテーマにしたアートを制作しています。暮らしやすいベルリンを拠点に、展覧会、ワークショップ、トークショーのために世界をまわる生活がかなり気に入っています。

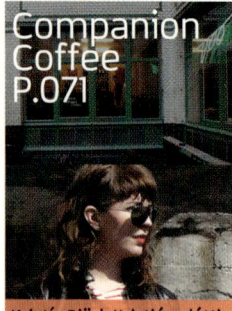

Companion Coffee P.071

Kristín Björk Kristjánsdóttir
クリスティン・ビョーク・クリスヤンスドティア

作曲家

作曲家＆アーティストです。冒険的なエレクトロニック・ミュージックと映画を制作しています。5年前にアイスランドからベルリンに引っ越してきました。

Julio Rölle
ユリオ・ローレ

44flavours、デザイナー

フランス人とベルギー人の血を引くドイツ人アーティストです。友人のセバスチャン・バッゲといっしょにアート＆デザイン・グループ、44 flavoursを運営しています。

Mörder P.070

Kaffeeladen Görlitzer Bahnhof P.072

Stahl R
シュタールR

グラフィックデザイン・スタジオ

トビアス・レトガーとスザンヌ・シュタールが2012年に設立。商業から文化の分野にいたるさまざまなクライアントのために、ユニークなデザイン・ソリューションを創造しています。

Five Elephant P.074

Anna Rose
アンナ・ローゼ

写真家

3世代目「ベルリンっ子」として、この街をどこよりも愛しています（ニューヨークは、シャビーさが足りません）。ドイツ国内外のさまざまな雑誌向けに写真を撮る写真家として働いています。

Danae Diaz
ダナエ・ディアス

イラストレーター＆
アニメーション・アーティスト

スペイン出身です。美術の学位を修了するためにベルリンに来て、約10年になります。すっかりこの街と恋に落ち、クロイツベルク＆ノイケルン地区でずっと暮らしています。

Gipfeltreffen P.073

Café Atlantic P.075

Timm Kekeritz
ティム・ケケリッツ

Raureif設立者

ベルリン出身のインタラクティブ・デザイナー＆ソフトウェア・エキスパートです。シンプルさをこよなく愛しています。iOSアプリのPartly Cloudy、EcoChallenge、Virtual Waterの制作者です。

Café Lois
P.077

Oliver Moore
オリバー・ムーア

SSAWSTUDIO、共同創設者

グラフィック・デザイナー、アート・ディレクター、マルチブランド・ストアSSAWSTOREの創設者です。多分野にまたがるグラフィック・デザイン＆コミュニケーション・スタジオSSAWSTUDIOの共同創設者でもあります。

Eps51
Eps51

グラフィック・デザイン・スタジオ

タイポグラフィとバイリンガル・デザインにかなり力を入れながら、ビジュアル・コンセプトを積極的に開発しています。クライアントのほとんどは、アート、文化、ファッション、デザイン分野に属しています。

Kochu Karu
P.076

Lavanderia
Vecchia
P.078

Rilla Alexander
リラ・アレクサンダー

デザイナー＆イラストレーター

オーストラリア人デザイナー＆イラストレーターです。ベルリンに暮らして8年になります。初めての絵本「Her Idea」にも登場したパートナーのソジと、手に手をとって生活しています。

Kimchi
Princess
P.081

Fons Hickmann
フォンス・ヒックマン

Fons Hickmann m23、創設者

グラフィック・デザイナー、ライター、ベルリンが拠点のデザイン・スタジオFons Hickmann m23の創設者です。ベルリン芸術大学の教授でもあります。

Nadine Goepfert
ナディン・ゲプフェルト

テキスタイル・デザイナー

調査とコンセプチュアルな思考に基づいた作品を制作し、職人技とテキスタイルの伝統技法に力を入れながらも、オープンな状況を作りだす努力を通じて、制作活動における偶然の可能性を幅広く探求しています。

Clärchens
Ballhaus
P.080

Da Baffi
P.082

37　マーダー
Mörder

 **P.105、地図E**

ポストカードやパンフレットがたなびくドアや、拾ってきた家具、フレンドリーなスタッフ、うす灰青色の壁が特徴の、この清潔そうなカフェからは、「殺人者」を意味する店名はとても想像できない。でも、リーズナブルな価格のコーヒー、トースト、サンドイッチが、殺人的においしいことは確か。名物メニュー以外にも、店内で毎日手作りされ、カウンターに並べられる各種スナックも、とびきりの味。マッキアート・ラテを頼んで、道ばたか、裏庭の席でのんびりいただこう。運がよければ、小さなアート展を鑑賞できる日もあり。

🕐 8:30～18:00（月～金）
🏠 Torstraße 199（on Borsigstraße），Mitte, 10115
📞 +49 (0)30 26 37 11 55
URL unternehmen-mitte.de

「ミッテ地区で一番おいしいコーヒー・ショップです。
トニエスと仲よくしてくださいね。
ぼくの一番大切な相談相手なんです！」
―― アラム・バーソル

38 コンパニオン・コーヒー
📍 Companion Coffee　　　**P.102、地図A**

この店を開いたバリスタたち、クリス・オントンとシャウン・バーバーは、若いながらもコーヒーのいれ方を知りぬき、味を極めている。ブーストア（No.25）と中庭を共有するこの居心地のよいカフェは、週に6日、質の高いコーヒーやお茶に合わせて、厳選された焼き菓子を出しながら、このガイドブックの情報提供者でもあるジグルド・ラーセンによるデザイン家具を販売している。コーヒー・ミル、フィルターなどの用具や、ヨハネス・バイヤーやファイブ・エレファント（No.41）といった専門家たちが焙煎したばかりのコーヒー豆も買って帰ることができる。

🕐 11:00〜19:00（月〜土）
🏠 Oranienstraße 24, Kreuzberg,
10999　☎ +49 (0)17 66 34 46 225
🔗 www.companioncoffee.com

「コーヒーの味はベルリンで一番。こんなすばらしいお店が、
仕事場の通りをはさんで向かい側にあるなんてラッキー。
気に入ってもらえたら嬉しいです」
——クリスティン・ビョーク・クリスヤンスドティア

 39 カフェーラーデン・ゲルリッツァー・バンホフ
Kaffeeladen Görlitzer Bahnhof `P.102, 地図A`

実物大の絵や美しいポスターの数々も、このカフェの自由なムードのほんの一部を形成しているにすぎない。焼きたての手作りフォカッチャ、チャバッタ、ケーキ、クッキーが、カフェの素朴な魅力をさらに高めている。コーヒーは、エクアドル、ブラジル、グアテマラから直接輸入したコーヒー豆を自家焙煎していれている。ボリュームのある作りたてサンドイッチをほおばれば、日常の楽しみに、さらに彩りが加わることまちがいなし。

開 7:30〜18:00（月〜金）、
9:00〜18:00（土）、10:00〜16:00（日）
住 Manteuffelstraße 87,
Kreuzberg, 10997
☎ +49 (0)30 69 54 99 28
URL www.goerlitzerbahnhof.de

 「店主のヨーとラミンがいい人たち。お天気が良い日は
店頭の席に座って近隣の日常生活を眺めると楽しいですよ。
すばらしいカフェです!」
—— ユリオ・ローレ（44flavours）

40 ギプフェルトレッフェン
Gipfeltreffen

P.102, 地図A

「山頂で会う」を意味する店名がまさにぴったりのカフェ。床が板ばりで壁が白く、頑丈な古い家具が置かれている店内には、外のクロイツベルクの喧騒から隔絶された静かで平和なムードが漂う。朝から夜中までの営業で、栄養たっぷりな朝食や、種類は少ないながらも魅力的なランチ＆ディナー・メニューが、すべてリーズナブルな価格でいただける。冬は、ほんのり赤い、温かな輝きをはなつ長い暖炉が、凍てついた身も心もほぐしてくれて、特にくつろげる。

🕐 9:00〜0:00（月〜金）、10:00〜0:00（土・日）　🏠 Görlitzerstraße 68, Kreuzbeg, 10997　📞 +49 (0)30 68 07 70 11　🔗 gipfeltreffen-kreuzberg.de

「土曜か日曜の朝食がおすすめ。
予約は受けつけていないので、
開店と同時に入れるように出かけましょう」
—— Stahl R

41 ファイブ・エレファント
Five Elephant

P.109, 地図L

焙煎したての自慢のコーヒーとフィラデルフィア・チーズケーキが２大名物のカフェ。コーヒーはクリス・シャックマン、チーズケーキはゾフィー・バイゲンザマーと、情熱的なオーナーたちがそれぞれ手作りで用意している。クロイツベルク地区のライヘンベルガー通りから住宅地へとのびる並木道にあるこのインディペンデントな自家焙煎カフェは、直接輸入した豆をディードリッヒ社のロースターで最高の状態に焙煎してからコーヒーをいれており、その味はベルリンでも一二を争う。ここのコーヒーを飲んで病みつきになってしまった人のために、コーヒー豆は世界中に通販されている。

🕗 8:30〜19:00（月〜金）、10:00〜19:00（土・日）
🏠 Reichenberger Straße 101, Kreuzberg, 10999
URL www.fiveelephant.com

「クロイツベルクのトレンディな一角にある、おいしいコーヒーとパンがいただけるお店。チーズケーキは必食です」
—— アンナ・ローゼ

42 カフェ・アトランティック
Café Atlantic

P.107、地図H

ドイツの朝ごはんといえば、山盛りのパン（主にドイツのもの）にはちみつ、ジャム、ヌッテラ、ソーセージ、ハム、チーズ、クワルク（ドイツのフレッシュチーズ）、ゆで卵、シリアル、ヨーグルト、ジュース、フルーツにサラダが定番。だから、その日初の食事を大いに楽しみたい気分だったら、ここに来れば大丈夫。カフェ・アトランティックは、ドイツ式メニューが幅広くそろっているばかりでなく、イギリス、ノルウェー、イタリア、スイス、アメリカ、フランス、デンマーク、オリエンタル、ベジタリアン、ビタミンたっぷり、キッズ用など、さまざまなタイプの朝食が、すべて17時まで食べられることで有名なのだ。日当たりの良さや近所の風景を最大限に楽しみながら食事がしたかったら、屋外の席に座ろう。

🕐 9:00〜2:00、無休
🏠 Bergmannstraße 100, Kreuzberg, 10961
📞 +49 (0)30 69 19 292

「"2人用朝食"がすばらしいですよ!」
—— ダナエ・ディアス

43 コチュ・カル
Kochu Karu

P.105, 地図E

韓国とスペインの両方のエッセンスが味わえるコリアンスパニッシュ・レストラン。2人のシェフ、スペイン人のホセ・ミランダ・モリーヨと韓国人のビニ・リーザウナーが共同経営するこの店は、新鮮なオーガニック食材を使い、タパスのコンセプトとパンチャン（韓国の小皿料理）を組みあわせた料理を供する。例えば、チョリソー入りのイカ・サラダに韓国の辛い唐辛子ソースがかかっていたり、ビビンバ入りの韓国風タコスに、グリルしたトマトとワカモレが添えられていたり、といった具合。コチュ・カルは、毎月開催される「歌う食事」も大評判。この日になると、モリーヨはキッチンで料理に専念し、リーザウナーが美声を披露する。

🈺 12:00～16:00、18:00～22:30（火～金）
14:00～22:30（土・日、祝日）
🏠 Eberswalder Straße 35, Prenzlauer Berg, 10437
☎ +49 (0)30 80 93 81 91 URL www.kochukaru.de

「毎月第1木曜夜限定のコース・メニュー『Singmahl（ジンマール）』では、シェフ自らがシャンソンを歌い、すばらしいフュージョン料理をさらにおいしくしてくれます」
—— ティム・ケケリッツ（Raureif）

44 カフェ・ロイス
Café Lois

P.105, 地図E

ヒップでにぎやかなトール通りを1つ入った静かな一角にあるロイスは、日中は、界隈で最高レベルのコーヒー、パン、自家製キッシュを出すカフェだが、夜になると、気の置けないカクテルバーへと姿を変える。名物は、旬の食材を使った日替わりスープ。これを飲めば、ごきげんになることまちがいなし。お天気の日は、すぐに満席になる外のテーブルに座ろう。夕方まですてきな眺めが楽しめるばかりでなく、たそがれ時の風景も忘れられないほどの美

しさ。店主の家庭のレシピでローストされた塩アーモンドをおつまみに、アペリティフを注文しよう。

開 8:00~0:00 (月~金)
　 9:00~0:00 (土・日)
住 ELinienstraße 60, Mitte, 10119
URL www.facebook.com/CafeLois

「朝から夕暮れまで日当たりの良さが楽しめる、ミッテ地区には珍しい、のんびりしたムードのカフェです」
—— オリバー・ムーア (SSAWSTUDIO)

45　ラバンデリア・ベッキア
Lavanderia Vecchia　P.109、地図L

イタリア、サビニ地方のおいしい家庭料理がいた
だけるレストラン。「古いランドリー」を意味する店
名は、この建物の以前の用途にちなんでつけられ
たもの。伝統色は濃いながらも最高品質のオイル
と新鮮な食材を使い、高い技術で調理された料理
が供される。ランチは、すてきな裏庭の席につき、
アラカルト・メニューからスープ、パスタ、魚料理、
イタリアのデザートを選んでいただくのがおすす
め。ディナーで満足したかったら、デギュスタシオ
ン・メニューを選ぼう。1人58ユーロで、10種類近
いアンティパスト、プリモ、セコンド、ドルチェが
出され、ワインのハーフボトルもつく。ディナーは
19:30には到着して、席に案内されるのを待とう。

開 12:00〜14:30 (火〜金)、19:30〜
23:00 (火〜土)、ディナーは要予約
住 Flughafenstraße 46, 2. Hof
Fabrikgebäude EG, Neukölln, 12053
電 +49 (0)30 62 72 21 52
URL www.lavanderiavecchia.de

「とてもリラックスできて、スタッフはフレンドリー、
料理は抜群です。予約を忘れないで!」
—— Esp51

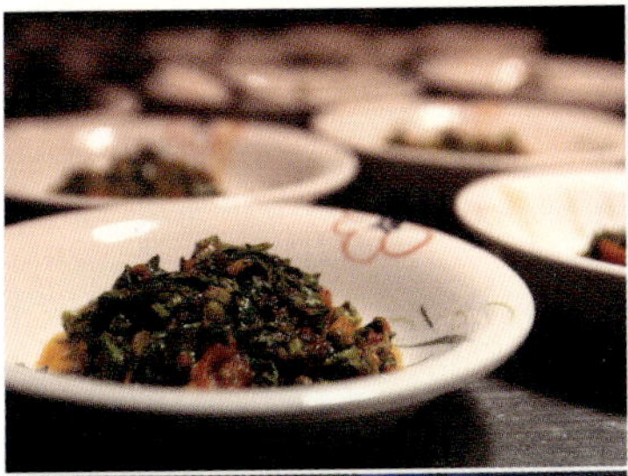

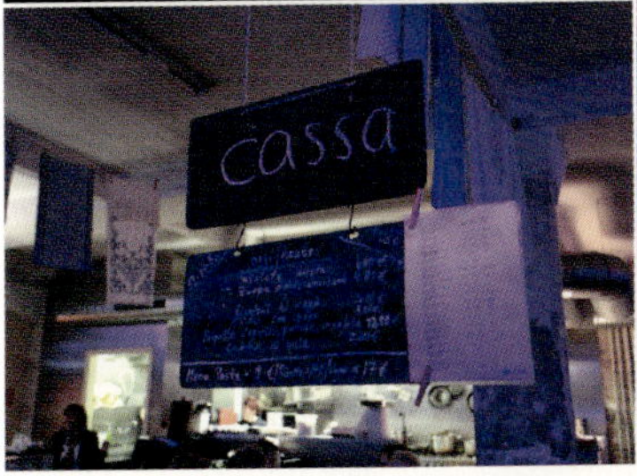
cassa

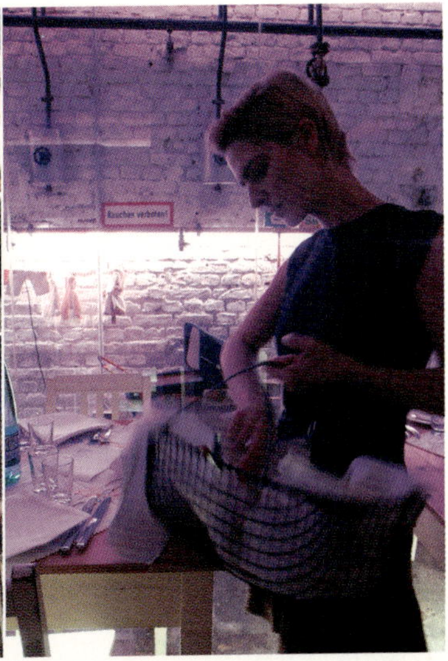
Rauchen verboten

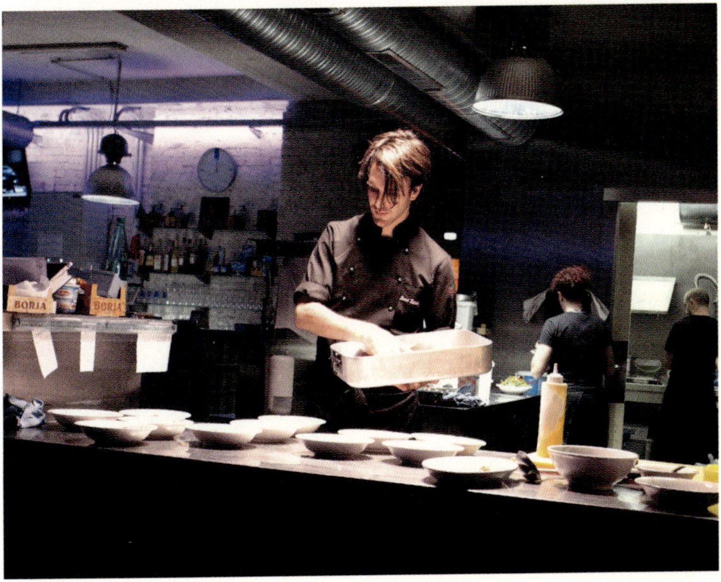
BORJA
BORJA

46　クレールヒェンス・バルハウス
Clärchens Ballhaus　　　**P.105、地図E**

レストランとダンスホールの活気を100年以上保ち
続けている、ミッテ地区の小さな宝石のようなお店。
長テーブルでおいしい食事がいただけ、ダンスホー
ルでは歓喜にわく人々が流行曲を踊ったかと思え
ば次の瞬間には、とぎれなく流れてくるサルサのリ
ズムに身をまかせている。ダンスに参加する前に、
おいしいピザやシュニッツェル（ポークカツレツ）、
ポテトサラダで腹ごしらえしよう。1階の鏡の間を
のぞけば、ここが建てられた当時と同じように、室
内管弦楽にあわせて社交ダンスを踊る人々の姿を
見物できる。目を引く広告ポスターは、画家のオッ
トー・ディクス（1891～1969年）が自らペイントした
もの。

 11:00～未定、無休
住 Auguststraße 24, Mitte, 10117
☎ +49 (030) 28 29 29 5
URL www.ballhaus.de / www.spiegelsaal-berlin.de

「これぞベルリンという感じのレストラン。
この街には珍しく、クレジットカードが使えて、
割り勘も普通にできますよ」
—— リラ・アレクサンダー

 47 キムチ・プリンセス
Kimchi Princess   P.102、地図A

クロイツベルクのヒップな地域の中心にあるキムチ・プリンセスは、ベルリンの本格韓国料理をさらに新しいレベルに高めようとがんばるレストラン。ベルリン・デザイン・マーケットの小さな屋台として誕生し、その後、ソジュ・バー＆アングリー・キッチンの名で営業していた食堂が、今では大きなテーブルに快適なイスを備えた本格的なレストランに。食事客は、美味なキムチに、ビビンバ、焼肉、おつまみ、野菜料理などの韓国伝統料理に舌鼓を打つ。開店するとすぐに満席になるので、予約を忘れたときは、料理をテイクアウトするのもよいかも。

開 12:00〜23:00、無休
住 Skalizerstraße 36, Kreuzberg,
10999
(entrance on Manteuffelstraße)
☎ +49 (0)16 34 58 02 03
URL www.kimchiprincess.com

「スタイリッシュなアジア系料理がいただける
アジア系レストラン。
外の席に座り、辛い料理でお酒を飲むと楽しいですよ」
——— フォンス・ヒックマン（Fons Hickmann m23）

48 ダ・バッフィ
Da Baffi

P.108、地図I

シンプルでスタイリッシュなイタリア料理店。2人の共同経営者のルーツを讃えて本格的ボローニャ料理に集中するため、華美なものは一切排除している。パルメザン・チーズ＆パルマ・ハムなどのボローニャ名物がそろっているところは予想通りだが、オーナー自らが選んだワインやドイツ製食材と合わせると、新鮮な味わいに。コース・メニューは、焼きたてのパンと前菜の盛り合わせで始まり、次にパスタかリゾットが続く。メインはシェフが、自らの味をはっきりと確立しているシーフードをぜひ味わってみてほしい。

開 18:30〜未定（火〜土）、現金のみ
住 Nazarethkirchstraße 41,
Wedding, 13347
電 +49 (0)17 56 92 65 45
URL www.dabaffi.com

「華やかな盛りつけの料理は出てきませんが、
本格的でおいしいイタリア料理と、
すばらしいワインが味わえますよ」
—— ナディン・ゲプフェルト

Nightlife
ナイトライフ
ワイルドなパーティー、乗れる選曲、ドイツのおいしいビール

「ナイトライフ」という言葉では、ベルリンの夜の出来事を説明するには少し物足りないかも。ベルリンっ子と同じくらい夜を楽しむとしたら、週末をすべて使い、夕暮れから日の出まで騒ぐことになるからです。世界で最も偉大な音楽の都のひとつとして、また、ヨーロッパ・テクノ音楽のゆりかごとして有名なベルリンは、エレクトリック・ビートが力強く脈打つ街。そこで開かれるパーティーはワイルドでプリミティブ。ベルクハイン（No.49）のような世界的に有名なクラブであろうが、ホコリっぽくてむさくるしい地下であろうが同様に、とびきりおもしろいことが起こるのです。パーティーがそれほど好きじゃない人にも、わくわくできることは盛りだくさん。まず手始めに、水を抜いたスイミング・プール（No.60）をステージにしたコンサートを観るのはいかが？　味のあるバーでのんびりくつろぎたいときにも、選択肢はたくさんあります。ヴェザー通りのパブをはしごしたり、おしゃれなカクテル・ラウンジ（No.54）、ジャズ・バー（No.52）、おいしいドイツ・ビールが飲める、宿泊もできるマイクロブルワリー（No.50）に立ちよってみましょう。ベルリンっ子たちのその他の夜のお楽しみは、飲みものから電気仕掛けの小さなおもちゃまで、ほとんど何でも売っている24時間年中無休の小さな雑貨店、シュペッティ（Späti）の前でたむろすること。クラブに行ったあとに、フリードリヒスハインにたくさんあるシュペッティのどれかで、ビール（水よりも安いシュターンバーグ［Sternburg］やシュテルニ［Sterni］を試してみて）かクラブメイト（のクリスマス・バージョン）を買い、モーダーゾーン通りの鉄橋（Modersohnbrücke）に座って弾き語りのギター演奏に耳を傾けたり、朝日が昇るのを眺めて過ごしましょう。

Sebastian Haslauer
セバスチャン・ハースラウアー

アーティスト＆イラストレーター
すべてがアメリカ製のギターケース
を販売するための専門デザイン会
社、Bowooのクリエイター＆創設者
です。

Hops & Barley P.089

Michael Wickert
ミヒャエル・ヴィッケルト

GLUT & SPÄNE、燻製職人
燻煙を長く保つための伝統手法に
新たなひねりを加え、クロイツベル
ク地区マルクトハレノインにある、
ベルリン初のサステイナブルな燻
製魚店GLUT & SPÄNEで究極の魚
の燻製を作っています。

Sera Yong
セラ・ヨン

イラストレーター＆
グラフィック・デザイナー
ベルリンとソウルを拠点にしていま
す。今はデザイン・スタジオHORTで
働きながら、世界中のすばらしいク
ライアントのためにフリーランスの
仕事もしています。

Berghain / Panorama Bar P.088

Salon zur Wilden Renate P.090

Patricia Waller
パトリチア・ヴァラー

アーティスト
破壊的にふざけた方法で不条理と
奇抜なものを混ぜあわせて、作品
を制作しています。必要なものは、
かぎ針だけです。

Jungbusch Berlin P.093

Jose Romussi Murphy
ホセ・ロムシ・ムルフィー

アーティスト
チリから来た独学のアーティスト
です。世界中をあちこち旅した末
に、ベルリンに落ち着くことに。自
身のスタジオで仕事を始めて1年
半になります。

Jürgen Mayer H.
ユルゲン・マイヤー・H

J. MAYER H.、創設者
多分野を対象にしたベルリンのス
タジオ、J. MAYER H.の創設者＆代
表です。MoMAニューヨーク、SF
MoMAをはじめとする多数のプロ
ジェクトに参加しています。

Yorck- schlösschen P.092

Bar Tausend P.094

Jens Lausenmeyer
イエンス・ローゼンマイヤー

boymeetsgirl design、
アート・ディレクター
ベルリンを拠点に活動する情熱的なデザイン＆アート・ディレクターです。おいしい（ビーガン）料理、ジン、エレクトロニカル・ミュージックに目があります。

Michelberger
Hotel
P.096

Georgia Hill
ジョージア・ヒル

タイポグラファー＆イラストレーター
オーストラリアのシドニーから来たフリーランスのタイポグラファー＆イラストレーターです。ベルリンに暮らして１年になります。

Luciano Foglia
ルチアーノ・フォーリア

ビジュアル・アーティスト
2001年からインタラクティブ・デザイン、アート、音楽に取り組んでいます。商用プロジェクトには、シニア・インタラクティブ・デザイナー＆アート・ディレクターとしてたずさわっています。

Tier
P.095

Kuschlowski
P.098

Joy Wellboy
ジョイ・ウェルボーイ

ミュージック・デュオ
ブリュッセル出身で、現在はベルリン在住のデュオです。音楽、ビデオ、写真を制作しています。

Golden Gate
P.100

Stephan Hartmann
ステファン・ハートマン

908、
CEO＆クリエイティブ・ディレクター
38歳、家族持ちです。２人のかわいい子どもがいます。赤ワイン、昔のフランス作家、テレビの連続ドラマが大好きです（好きな順は不同）。

Robert G. Bartholot
ロベルト・G・バートロート

ビジュアル・アーティスト
ベルリンを拠点に活動するビジュアル・アーティストです。フォトグラフィック・イラストレーションに力を入れています。

Slaughter-
house
P.099

Stadtbad
Wedding
P.101

49 ベルクハイン／パノラマ・バー
Berghain / Panorama Bar　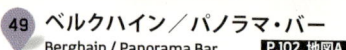 P.102、地図A

このテクノ・クラブにうまく入場できた者たちが口をそろえていうセリフは、「ベルクハインは天国！」。発電所の建築と巨大さがうまく調和したインダストリアルな美と、音楽の選曲のよさが、毎週末になると必ず長蛇の列ができるほどの人気を呼んでいる。でも、特に旅行者に対しては、入場基準がとても厳しい（しかも、あいまい）。地元の人たちと仲良くしてそのなかにまぎれこみ、ドレスアップし、団体で行くのは避け、目立たないようにし、礼儀正しくしていれば、入場できる可能性が高まるかも。クラブ全体は、メインルームのベルクハイン、清潔で、オーガナイズされた非の打ちどころのないパノラマ・バー、1階にある男性専用クラブLab.Oratory、ベルクハイン・カンティーネ（隣接した小さなクラブ）の4エリアで構成されている。

営業時間はイベントにより異なる、現金のみ、18歳未満入場不可
住 Am Wriezener Bahnhof, Friedrichshain, 10243
☎ +49 (0)30 29 36 02 10
URL www.berghain.de

「ここは、見たり、見られたり、おしゃべりしたり、騒いだり、飲んだり、いちゃついたりする場所ではありません。ダンス、ドラッグ、陶酔、セックス、忘却の場なのです」
—— セバスチアン・ハースラウアー

50 ホップス＆バーレイ
Hops & Barley

P.103、地図A

ドイツ・ビールを飲まなきゃ、ベルリンの旅は終わらない。この地元住人ご用達のバー＆マイクロブルワリーでは、大だるからつぎたての、かなり質の高いクラフト・ビールやシードルが飲める。気が置けない庶民的なムード漂うメニューには、大人気のピルスナーを中心に、ダークビール、白ビール、特製ビールが並び、そこに、ビールにぴったりなライ麦パンや居酒屋料理が添えられている。とことん飲み明かしたいときは、2室あるゲストルームのどちらかを予約しよう（1人28ユーロ）。次の朝には、歩いて20分の距離にあるイーストギャラリーを観光できる。

🕐 17:00〜3:00、無休
🏠 Wühlischstraße 22/23, Friedrichshain, 10245
📞 +49 (0)30 29 36 75 34
URL www.hopsandbarley-berlin.de

「ビールに、パンに、シュマルツシュトレ（辛いラード）を頼んで、スクリーンでサッカー観戦すれば、完璧なベルリンの夜が始まりますよ！」
—— ミヒャエル・ヴィッケルト（GLUT & SPÄNE）

51 **ザロン・ツア・ビルデン・レナーテ**
Salon zur Wilden Renate　P.103、地図A

ザロン・ツア・ビルデン・レナーテは、まさに異世界のクラブ。東ベルリンの退廃的な2階建ての建物に入居するこのクラブは、2人のドイツ人アーティストによるワイルドなアート・インスタレーションが織りなす迷宮でトリップしたり、だれかのベッドで踊ったりと、ゲストを大胆にさせる。3つのダンスフロアで年中くりひろげられるケバケバしく猥雑なパーティーは、毎晩少しずつ趣向が変わる。夏に中庭で開かれるイベント「アンクル・トムの小屋」では、テクノとエレクトリック・ミュージックが堪能できる。

🕐 18:00～0:00（水～土）、予約不可
💰 カバーチャージ：10€
🏠 Alt-Stralau. 70, Friedrichshain, 10245
☎ +49 (0)30 25 04 14 26
URL www.renate.cc

「複数の部屋で、あらゆるジャンルの音楽が同時にかかります。だれかのホームパーティーに招かれたような気分になれますよ。かわいらしい庭が、また素敵なんです」
── セラ・ヨン

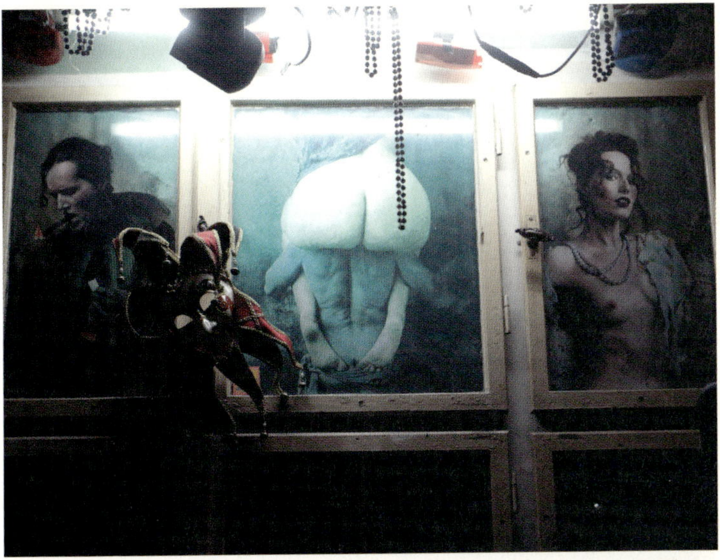

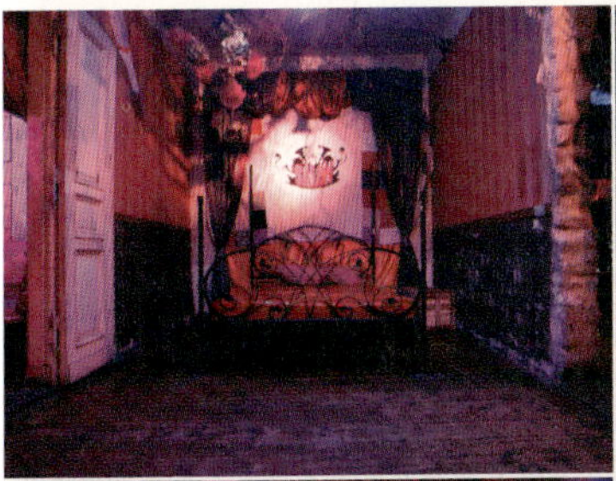

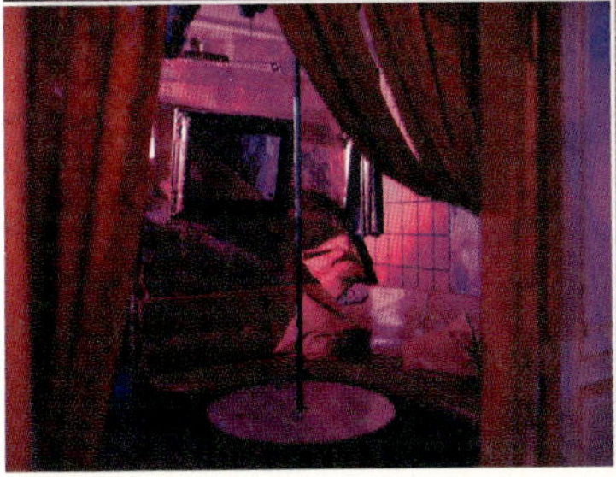

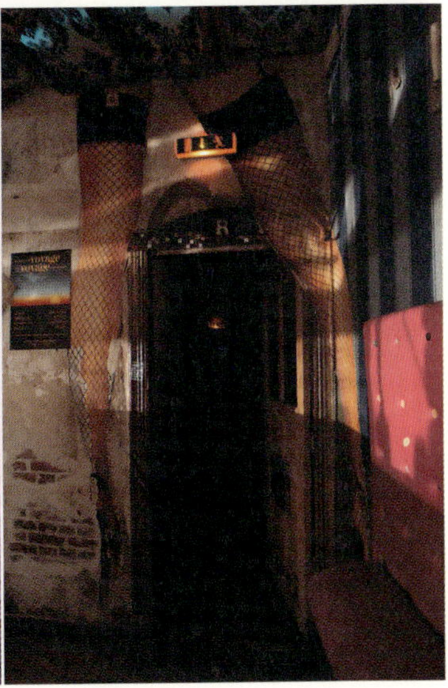

 **52 ヨルクシュレッシェン**
Yorckschlösschen　**P.107、地図H**

クロイツベルクに登場してから1世紀以上の歴史を誇る、伝説のジャズ・クラブ。居酒屋風の店内で、伝統的なジャズ、ブルース、スイング、ファンク、ソウル、R&Bが次々とかかり、夏にはビアガーデンが開かれたりと、だれもが気軽に楽しめる。メニューには中央ヨーロッパの料理が並び、日曜にはブランチが庶民価格で提供される。冬季の木曜と金曜、それ以外の水曜と週末にはライブジャズ・セッションが開かれる。チャージは1人4〜8€。

🕐 17:00〜3:00（月〜土）、10:00〜2:00（日）
🏠 Yorckstraße 15, Kreuzberg, 10965
URL www.yorckschloesschen.de

「最高なニューオリンズ・ジャズ、ソウル、ブルースが聴けるお店です」
—— パトリチア・ヴァラー

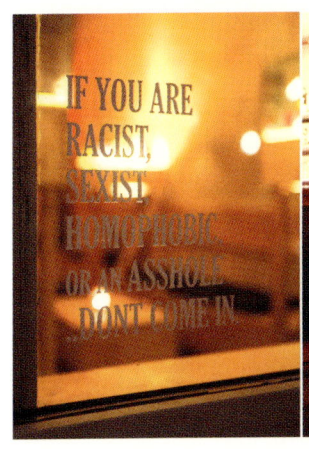

53 ユングブッシュ・ベルリン
JungBusch Berlin

`P.109、地図L`

ここで楽しめるのは、カクテルだけじゃない。楽しいことが大好きな2人の若者が経営するこのバーは、手作りの箱型家具が全体に設置され、イラスト、写真、インスタレーション、音楽演奏、オーナーたちの好きなトイ・フィギュアが展示されるスペースとして、2倍楽しめるのだ！ 2003年春にオープンしてから、ノイケルン地区の中心地にあるクリエイティブな隠れ家として人気急上昇中。入口の手作り看板には、レイシスト、性差別主義者、同性愛差別主義者と性悪な人間…は入店お断り、と記されている。

 19:00〜未定、無休
（冬季の日曜をのぞく）
住 Weserstraße 16, Neukölln, 12047
URL jungbuschberlin.de

「よい人たち、よい音楽が、気楽なスタイルで
楽しめるバーです。
おしゃれを求めるところではありません」
—— ホセ・ロムシ・ムルフィー

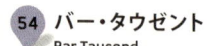

54 バー・タウゼント
Bar Tausend

P.104, 地図E

フリードリッヒ通り駅付近の鉄橋の下にある何の表示もないドアを開けると、その先に、1920年代風ながら未来的な、活気のあるカクテル・バーが出現する。ガラスと鋼鉄でハイセンスに装飾された、このシックなクラブを明るくしているのは、ドーナツ型の3つの巨大な照明だけではない。映画関係者、建築家、ファッショナブルな若者などで構成される洗練されたお客たちも店内に華やかさを加えているのだ。23時から始まる、アンビエントハウス、ファンク、ブルース、ジャズのライブにはぜひ耳を傾けよう。バーのひとつでは、アジアやスペイン風のアメリカ料理が、シェアできる大皿でサーブされる。

開 19:30～未定（火～土）、
18歳未満入場不可
住 Schiffbauerdamm 11, Mitte, 10117
☎ +49 (0)30 27 58 20 70
URL www.tausendberlin.com

「ミッテ地区でカクテルが一番おいしい、
クールでスタイリッシュなバーです。
いつも、とても混んでるんです」
── ユルゲン・マイヤー・H（J. MAYER H.）

55 ティアー
Tier

P.109、地図L

にぎやかなノイケルン地区ヴェサー通りの中心にあるティアーは、伝統に新しいひねりを加えた、気どらないムードの居心地のよいカクテル・バー。手作りのシロップを使うなど、カクテル・スペシャリストが生みだす新しいアイデアの数々が、夜の楽しみをますます盛り上げてくれる。品のある大人が夜遊びを楽しめそうな、通りの角にある、窓の大きな小さなバーだ。グループでの来店は6人まで。

開 19:00～2:00、無休、現金のみ
18歳未満入場不可
住 Weserstraße 42, Neukölln, 12045
URL www.facebook.com/TiERBAR

「立地がとてもよく、おいしいジンも色々そろった、ヒップで新感覚なバーです。行くなら24時過ぎに」
―― イエンス・ローゼンマイヤー

56 ミヒェルベルガー・ホテル
Michelberger Hotel　　P.102、地図A

低予算旅行者向けの、ヒップなホテルという以上
のおもしろさがあるスポット。楽しくてクリエイティ
ブな一家がゲストハウスを、インテリアの装飾から、
ドリンク・メニュー、シュナップス（蒸留酒）のビン
まですべてがお手製のアットホームな宿泊施設に
変えた。巨大な猿の口が描かれた入口から居心地
のよいホノルル・バーに入ると、あっというまに時
間が過ぎ去り、気がつくと、シュナップスはまだま
だおかわりしたいのに、朝の4時になってしまって
いることも。夏には中庭でミヒェルベルガー家の
パーティーが催され、身を切るような寒さの冬には、
美しいロビーで、ホットワインで温まりながらライ
ブ・ショーが観られる。キャッチフレーズが語る通
り、いつでもオープンなホテルなのだ！

住 Warschauer Straße 39/40, 10243
☎ +49 (0)30 29 77 85 90
URL www.michelbergerhotel.com

「ここで1年間働いていたので、
少しひいき目に見ているのかもしれませんが……
それこそが、私がここをどれだけ好きかの表れですよね」
—— ジョージア・ヒル

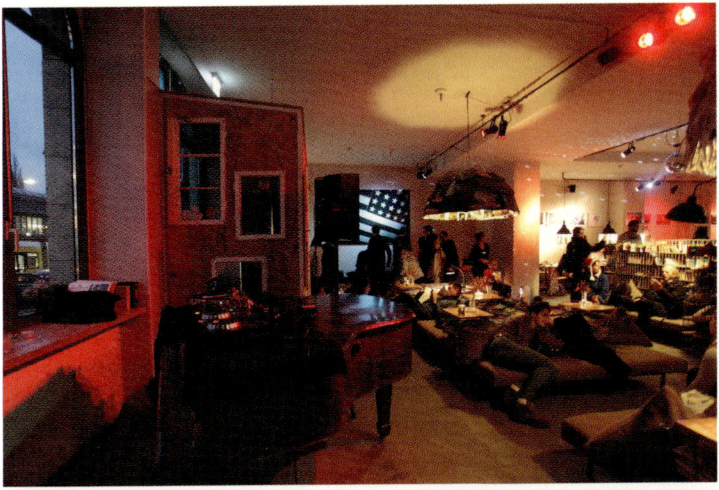

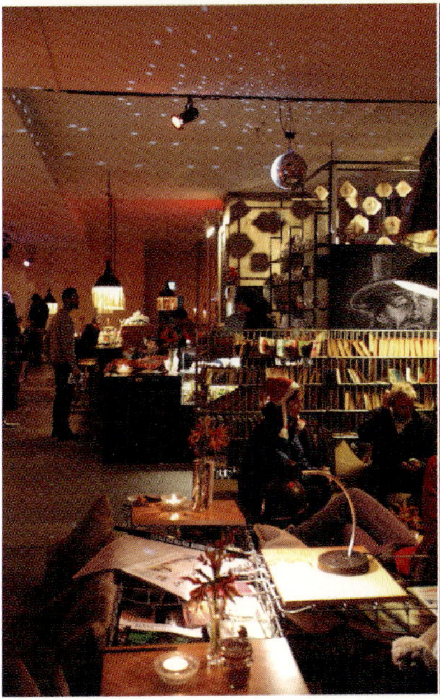

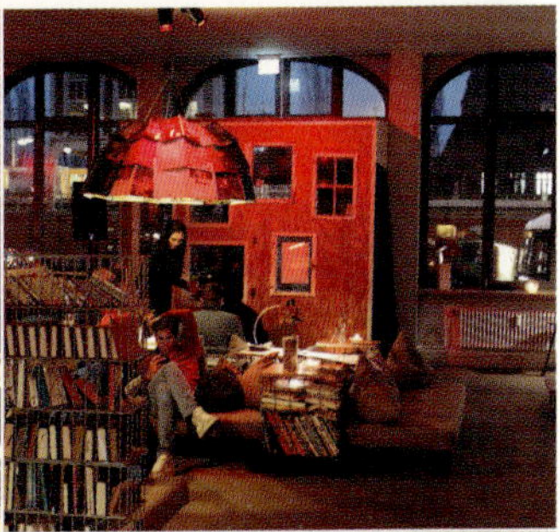

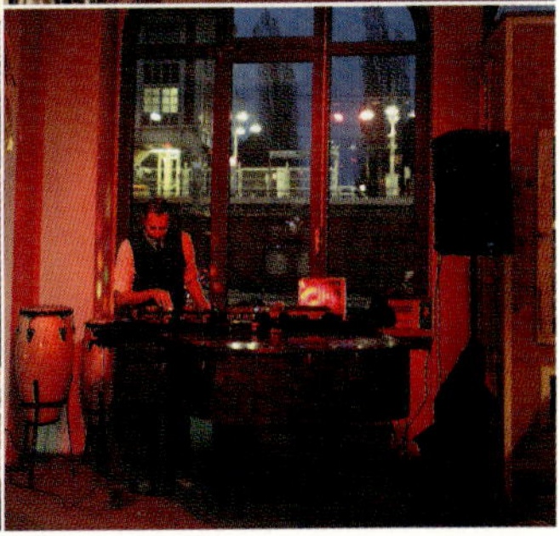

57 クシュロウスキー
Kuschlowski

`P.109、地図L`

レトロなインテリアの店内にカラフルな手作り家具が並ぶ、親しみやすいムードのバー。家具デザイナー＆共同経営者のダニエル・ノイゲバウワーが運営している。すてきな小さなパブが林立するヴェサー通りにあるが、ロシア、ポーランド、ウクライナのブランドが中心のおいしいウォッカのセレクションが、このバーを目立たせている。夏は店の前に出されたテーブルに、冬は暖炉の火を求めて人が集まる。サービスで山盛りのプレッツェルが出されるが、つい平らげてしまうおいしさだ。

🕗 20:00～未定、無休
🏠 Weserstraße 202, Neukölln, 12047
📞 +49 (0)17 62 43 89 701
URL www.kuschlowski.de

「親切なスタッフが、よいウォッカ探しを手伝ってくれます。
ウォッカ以外が飲みたかったら、
ビン入りのビールもありますよ」
―― ルチアーノ・フォーリア

58 スローターハウス
Slaughterhouse

P.104、地図E

このアンダーグラウンドなベルリンらしいクラブの一番の楽しみは、かなり幅広いジャンルの曲がかかること。インディーズ、パンク、スカ、ゴス・ロック、80年代＆90年代の曲から、トルコ・ポップスまでが、スピーカーから大音量で流れる。新しい音楽好きなら、人気DJや新人ミュージシャン、バンドが催すワイルドなパーティーやコンサートが期待できる。これまでに、シュレヒテ・リーブハーバー（Schlechte Liebhaber）やアイソレーション・ベルリンなどのバンドが出演。スローターハウスは、複合施設クルトゥルファブリック・モアビット（Kulturfabrik Moabit）の中庭にある。Sバーンでウェディング（Wedding）駅まで行き、M27のバスに乗ってクイッツォウ通り（Quitzowstraße）で下車。

開 23:00～6:00（金・土）
住 Kulturfabrik, Lehrterstraße 35, Moabit, 10557
URL www.slaughterhouse-berlin.de

「ニューウェーブの曲を聴いたり、暗がりで80年代のアンダーグラウンドなサウンドに身をゆだねる客を眺めるのが楽しい。スモークマシーンで煙を出すことでも、すごく有名です」
—— Joy Wellboy

59 ゴールデン・ゲート
Golden Gate

`P.102、地図A`

ダーティで、変で、熱狂的で、官能的で、いかれてて、
不機嫌そうで、狂気に満ちていて、卑猥…ゴール
デン・ゲートで過ごす時間を言い表すと、こんな感
じになるだろう。ヤノヴィッツブリュッケ駅に近い
鉄道高架下にあるグラフィティだらけのレンガ造り
の建物に入居する、この怪しげな安酒場では、列
車の走行音と、ベルリンの一流DJたちがくりだす
前衛的なテクノ・ハウスが一晩中ぶつかりあう。木
曜の夜にはDJマラソン・パーティーがスタートし、
金曜の午後まで続く。土曜夜の営業は、月曜の朝
日が昇るまでノンストップとなる。

🕐 23:00～未定（木～日）、現金のみ
🏠 Schicklerstraße 4, Mitte, 10179
📞 +49 (0)30 57 70 42 78
URL www.goldengate-berlin.de

「ゴールデン・ゲートの夜は、まさに未知との遭遇です。
気取った甘えん坊じゃないなら、記憶を失うまでビールを
引っかけにいくのによい場所ですよ」
—— ステファン・ハートマン（908）

60 シュタットバット・ウェディング
Stattbad Wedding

P.108、地図I

工場の廃墟や屋上で開かれるベルリン式パーティーを体験済みなら、ちょっと新しい場所を体験してみるのもよいかも。水を抜いたスイミング・プールの周りに集まり、プールの端を舞台に開かれるちょっとしたオーケストラ演奏や、演劇、コンサートを観賞するのはいかが？　目玉は、エレクトロ音楽動画メディア「ボイラールーム」が主催するアンダーグラウンドなショーのベルリン編。ここはかつて、ベルリンの著名な建築家ルートビヒ・ホフマン（1852〜1932年）設計の公共浴場だったが、第二次世界大戦後は市民プールに改装された。今では、展覧会、コンサート、映画製作、スクリーン印刷フェスティバル「Druck Berlin」などの会場として、ホットなスポットに生まれ変わっている。

開 営業時間はイベントによる
住 Gerichtstraße 65,
Gesundbrunnen, 13347
URL www.stattbad.net

「開催イベントについては、カレンダーをチェックしましょう。
シュタットバーのランチ＆コーヒーはおすすめ。併設の庭は、
散歩できる小道がある、静かなパンケ運河につながっています」

── ロベルト・G・バートロート

101

ベルリン地図：フリードリヒスハイン、クロイツベルク、ミッテ
FRIEDRICHSHAIN, KREUZBERG, MITTE

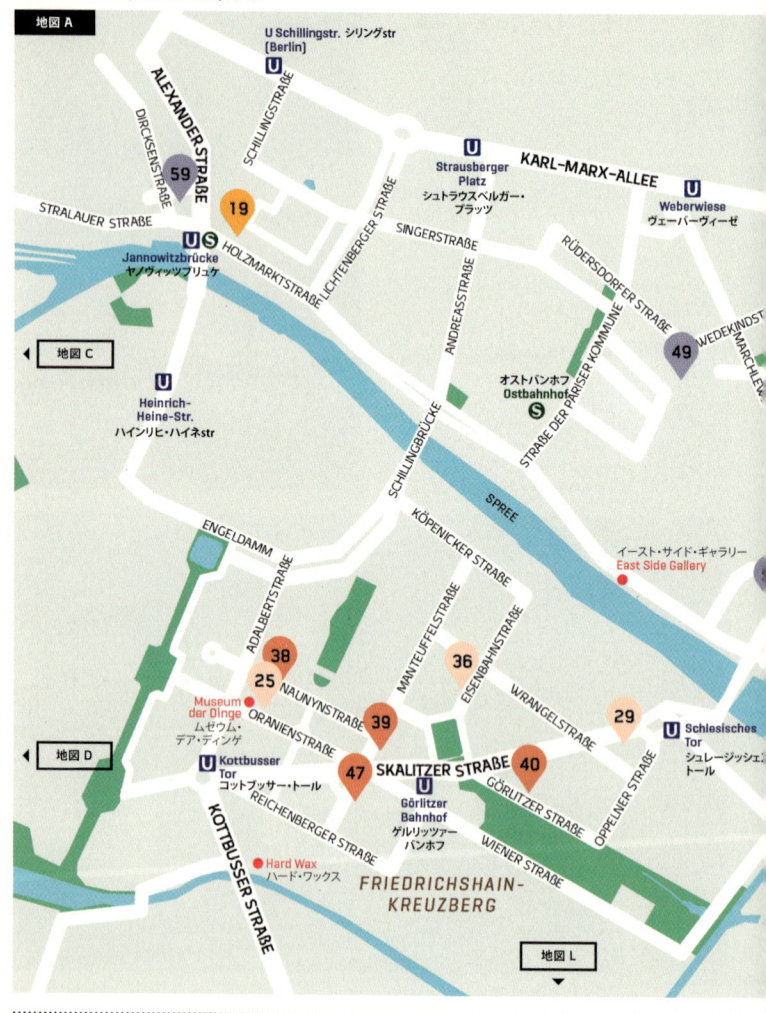

- 19/ 文字看板博物館
- 25/ ブーストア
- 29/ モットー・ベルリン
- 36/ マルクトハレ・ノイン
- 38/ コンパニオン・コーヒー
- 39/ カフェーラーデン・ゲルリッツァー・バンホフ
- 40/ ギプフェルトレッフェン
- 47/ キムチ・プリンセス
- 49/ ベルクハイン／パノラマ・バー
- 56/ ミヒェルベルガー・ホテル
- 59/ ゴールデン・ゲート

- 8/ カロリーネ・フォン・フンボルト通り
- 20/ 聖アグネス教会
- 21/ レヴァラー通り
- 27/ ラウム・イタリック（スパツィオコルシーヴォ）
- 30/ クアルティーア206
- 50/ ホップス＆バーレイ
- 51/ ザロン・ツア・ビルデン・レナーテ

ベルリン地図：モアビット、ミッテ、プレンツラウアーベルク、ムゼウムインゼル
MOABIT, MITTE, PRENZLAUER BERG, MUSEUMSINSEL

地図 E

SPRENGELKIEZ

MÜLLERSTRAßE

地図 I

S Humboldthain
フンボルトハイン

GUSTAV-MEYER

GRENZSTRAßE

U Reinickendorfer
Str.
ライニッケンドルファーstr

SELLERSTRAßE

PERLEBERGER STRAßE

58

シュヴァルツコップフstr
Schwartzkopffstr.
U

ハーバーザートstr
Habersaathstr.

HEIDESTRAßE

LEHRTER STRAßE

KRUPPSTRAßE

Nordbahnhof
ノルトバンホフ

Naturkundemuseum
ナトゥーアクンデムゼーウム
（Uバーン駅）

MITT

RATHENOWER STRAßE

MOABIT

INVALIDENSTRAßE

トールstr/
オラーニェンブルガー・トール
Torstr./
Oranienburger Tor

オラーニェンブルガー・
トール
Oranienburger
Tor

INVALIDENSTRAßE

LUISENSTRAßE

22

S Berlin Hbf
ベルリン中央駅

ALT-MOABIT

REINHARDTSTRAße

54

SPREE

ブンデスターク
U Bundestag

S U Friedrich
Bhf
フリードリッヒ
strバンホフ

Reichstagsgebäude
国会議事堂

ブランデンブルガー・トール
Brandenburger Tor

SPREE

地図 G

ブランデンブルク門
Brandenburger Tor

U S

ヴォルタstr.
Voltastr.

マウアー・パーク
蚤の市
MauerPark
flea market

Eberswalder
Str. エバースヴァルダーstr

EBERSWALDER STRASSE

DANZIGER STRASSE

BRUNNENSTRASSE

BERNAUER STRASSE

Wolliner ヴォリナーstr
Str.

SCHWEDTER STRASSE

SCHÖNHAUSER ALLEE

PRENZLAUER-STRASSE

Bernauer
Str.
ベルナウアーstr

Schwedter
Str.
シュベッターstr

Zionskirchplatz
ツィオンスキルヒプラッツ

ゼネフェルダープラッツ
Senefelderplatz

INVALIDENSTRASSE

Buck and Breck バック＆ブレック

032b

ローゼンターラー・プラッツ
Rosenthaler
Platz

SAARBRÜCKER STRASSE

Prenzlauer Allee/
Metzer Str.
プレンツラウアー・アレー/
メッツァーstr

37

32

44

ローザ・ルクセンブルク・
プラッツ
Rosa-Luxemburg-
Platz

16

TORSTRASSE

LINIENSTRASSE

GORMANNSTRASSE

17

46

AUGUSTSTRASSE

23

LINIENSTRASSE

ALMSTADTSTRASSE

バー3
Bar 3

Mollstr./
Prenzlauer
Allee
モルstr/
プレンツラウアー・アレー

Do You Read Me?
ドゥ・ユー・
リード・ミー？

ヴァインマイスターstr
Weinmeisterstr.

Pro QM
プロQM

メムハルトstr
Memhardstr.

Oranienburger
Straße

ORANIENBURGER STRASSE

Monbijouplatz
モンビヨウ・プラッツ

MEMHARDSTRASSE

ALEXANDERSTRASSE

VOLKSPARK
FRIEDRICHSHAIN

ranienburger
Straße
オラーニエン
ブルガー・
シュトラーセ

14

ゲオルゲンstr/アム・
クプファーグラーベン

13

Georgenstr./
Am Kupfergraben

ハッケッシャー・
マルクト
Hackescher
Markt

Buchhandlung
Walther König
ヴァルター・
ケーニヒ

KARL-LIEBKNECHT-STRASSE

Alexanderplatz
アレクサンダー・
プラッツ

Alexanderplatz
アクサンダー
広場

KARL-MARX-ALLEE

4

Am
Kupfergraben
アム・クプファーグラーベン

SPANDAUER STRASSE

Berliner
Fernsehturm
ベルリンテレビ塔

UNTER DEN LINDEN

SPREE

MUSEUMSINSEL

地図C

1000 ft.

- 37/ マーダー
- 43/ コチュ・カル
- 44/ カフェ・ロイス
- 46/ クレールヒェンス・バルハウス
- 54/ バー・タウゼント
- 58/ スローターハウス

地図 F

DAHLWITZER LANDSTRAßE

SCHÖNEICHER STRAßE

KURPARK **35**

フリードリヒスハーゲン
Friedrichshagen

Brösener
ブレーゼナーstr Str.
AM DAMM

Hartlebenstr. ハートレーベンstr

FÜRSTENWALDER DAMM

AM GOLDMAMMPARK

Drachholzstr. ドラヒホルツstr

WERLSEESTRAßE

FRIEDRICHSHAGEN

Restaurant
Die Spindel ディー・シュピンデル

BÖLSCHESTRAßE

SCHARNWEBERSTRAßE

RAHNSDORFER STRAßE

MÜGGELSEEDAMM

Müggelspree-Müggelsee

1000 ft.

• 35/ フリードリヒスハーゲン蚤の市

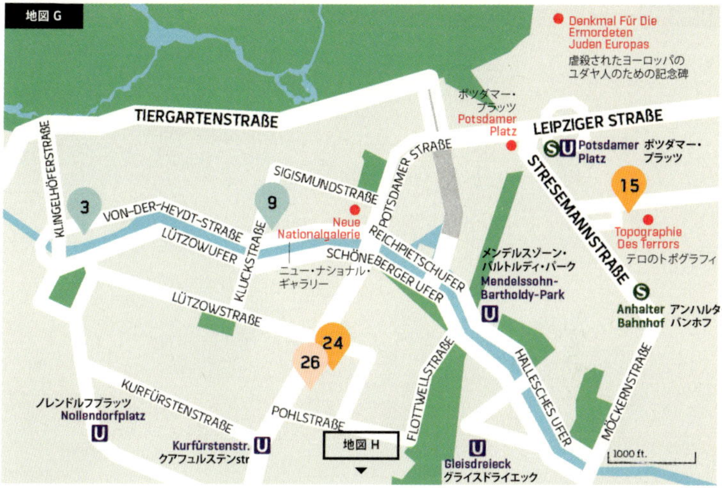

地図 G
Denkmal Für Die Ermordeten Juden Europas
虐殺されたヨーロッパのユダヤ人のための記念碑
ポツダマー・プラッツ
Potsdamer Platz
TIERGARTENSTRAßE
LEIPZIGER STRAßE
Potsdamer Platz ポツダマー・プラッツ
KLINGELHÖFERSTRAßE
SIGISMUNDSTRAßE
POTSDAMER STRAßE
STRESEMANNSTRAßE
15
3
9
VON-DER-HEYDT-STRAßE
LÜTZOWUFER
KLUCKSTRAßE
Neue Nationalgalerie
ニュー・ナショナル・ギャラリー
REICHPIETSCHUFER
SCHÖNEBERGER UFER
Topographie Des Terrors
テロのトポグラフィ
メンデルスゾーン・バルトルディ・パーク
Mendelssohn-Bartholdy-Park
Anhalter Bahnhof アンハルター・バンホフ
LÜTZOWSTRAßE
24
26
FLOTTWELLSTRAßE
HALLESCHES UFER
MÖCKERNSTRAßE
KURFÜRSTENSTRAßE
ノレンドルフプラッツ
Nollendorfplatz
POHLSTRAßE
Kurfürstenstr.
クアフュルステンstr
地図 H
Gleisdreieck
グライスドライエック
1000 ft.

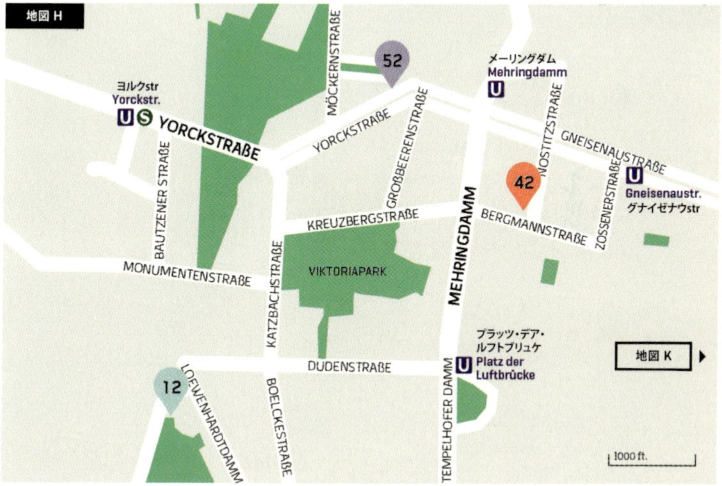

地図 H
MÖCKERNSTRAßE
52
メーリングダム
Mehringdamm
ヨルクstr
Yorckstr.
YORCKSTRAßE
YORCKSTRAßE
GROßBEERENSTRAßE
NOSTITZSTRAßE
GNEISENAUSTRAßE
BAUTZENER STRAßE
42
Gneisenaustr.
グナイゼナウstr
KREUZBERGSTRAßE
MEHRINGDAMM
BERGMANNSTRAßE
ZOSSENERSTRAßE
MONUMENTENSTRAßE
VIKTORIAPARK
KATZBACHSTRAßE
プラッツ・デア・ルフトブリュケ
Platz der Luftbrücke
地図 K
DUDENSTRAßE
12
LOEWENHARDTDAMM
BOELCKESTRAßE
TEMPELHOFER DAMM
1000 ft.

- 3/ バウハウス資料館
- 9/ シェルハウス
- 12/ シュヴェアベラストゥングスケルパー
- 15/ マルティン・グロピウス・バウ
- 24/ ギャラリー・トーマス・フィッシャー
- 26/ アンドレアス・ムルクディス
- 42/ カフェ・アトランティック
- 52/ ヨルクシュレッシェン

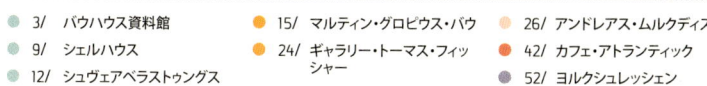

ベルリン地図：ゲズントブルンネン、ヴェディング、シャルロッテンブルク、テンペルホーフ
WEDDING, GESUNDBRUNNEN, CHARLOTTENBURG, TEMPELHOF

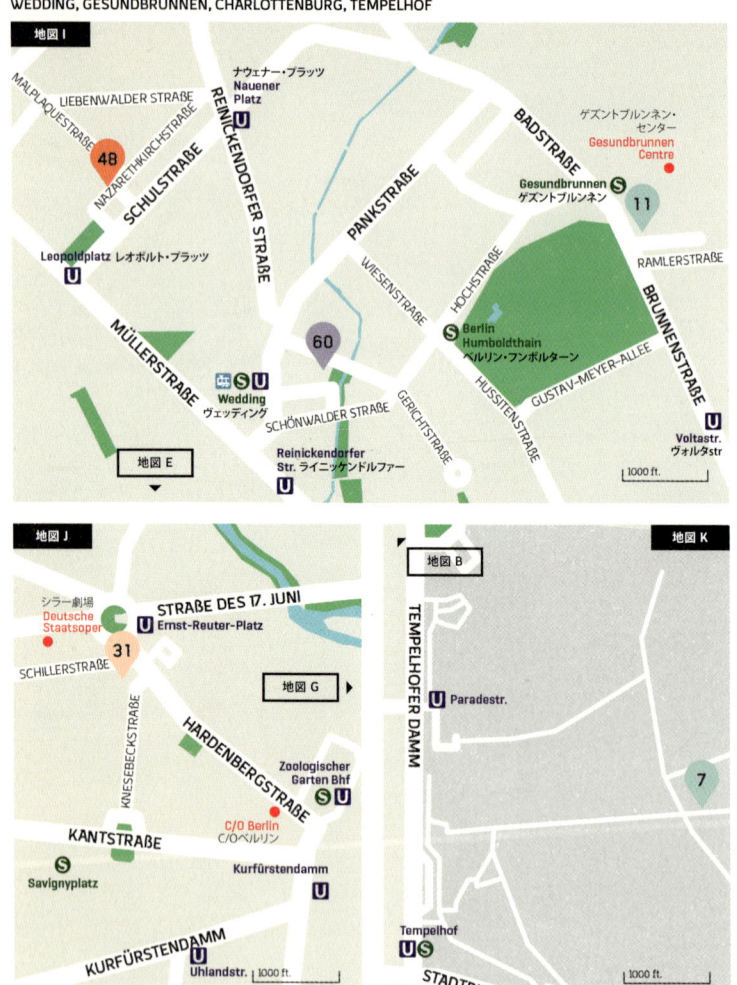

●	7/ テンペルホーフ自由公園	●	48/ ダ・バッフィ
●	11/ ベルリン地下世界	●	60/ シュタットバット・ウェディング
●	31/ マヌファクトゥム		

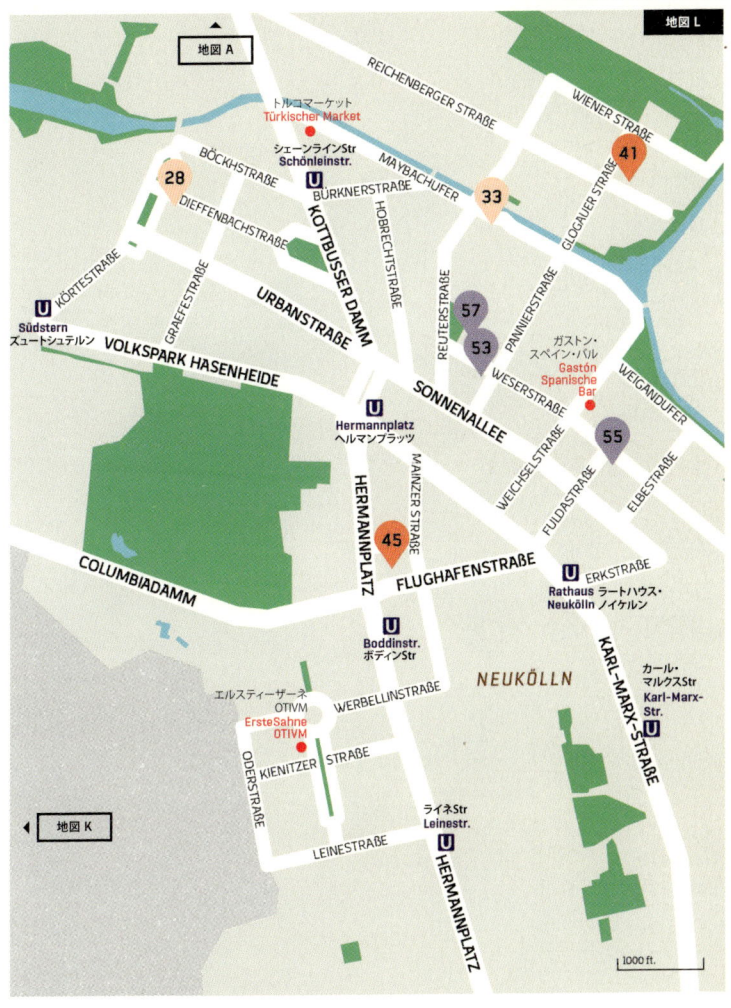

地図 A

REICHENBERGER STRAßE

WIENER STRAßE

トルコマーケット
Türkischer Market

41

シェーンライン/Str
Schönleinstr.

BÖCKHSTRAßE

MAYBACHUFER

28

BURKNERSTRAßE

GLOGAUER STRAßE

DIEFFENBACHSTRAßE

HOBRECHTSTRAßE

33

KÖRTESTRAßE

KOTTBUSSER DAMM

REUTERSTRAßE

PANNIERSTRAßE

WEIGANDUFER

U Südstern
ズュートシュテルン

GRAEFESTRAße

URBANSTRAße

57

VOLKSPARK HASENHEIDE

53

ガストン・
スペイン・バル
Gastón
Spanische
Bar

SONNENALLEE

WESERSTRAße

WEICHSELSTRAßE

55

U Hermannplatz
ヘルマンプラッツ

MAINZER STRAßE

FULDASTRAße

ELBESTRAße

HERMANNPLATZ

45

COLUMBIADAMM

FLUGHAFENSTRAßE

ERKSTRAßE

U Rathaus
Neukölln
ラートハウス・
ノイケルン

KARL-MARX-STRAßE

U Boddinstr.
ボディンStr

NEUKÖLLN

カール・
マルクスStr
Karl-Marx-
Str.

エルステ ザーネ
ÖTIVM

WERBELLINSTRAßE

Erste Sahne
ÖTIVM

ODERSTRAßE

KIENITZER STRAßE

地図 K

LEINESTRAßE

ライネStr
Leinestr.

HERMANNPLATZ

1000 ft.

- 28/ ズパーストア
- 33/ ナウケルン・フローマルクト
- 41/ ファイブ・エレファント
- 45/ ラバンデリア・ペッキア
- 53/ ユングブッシュ・ベルリン
- 55/ ティアー
- 57/ クシュロウスキー

- 1/　ソビエト戦勝記念碑
- 2/　シュプレーパーク
- 51/　ザロン・ツア・ビルデン・レナーテ

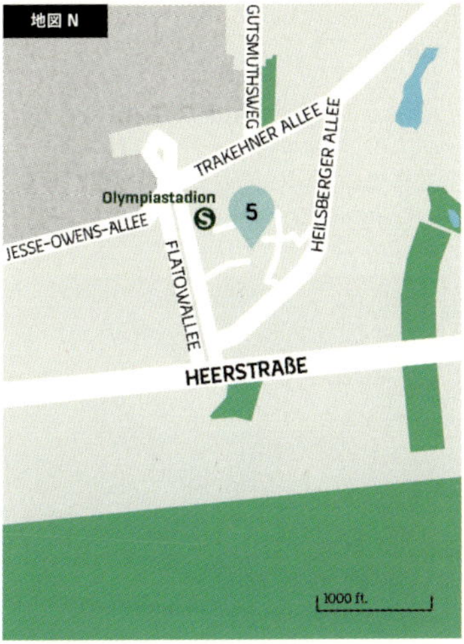

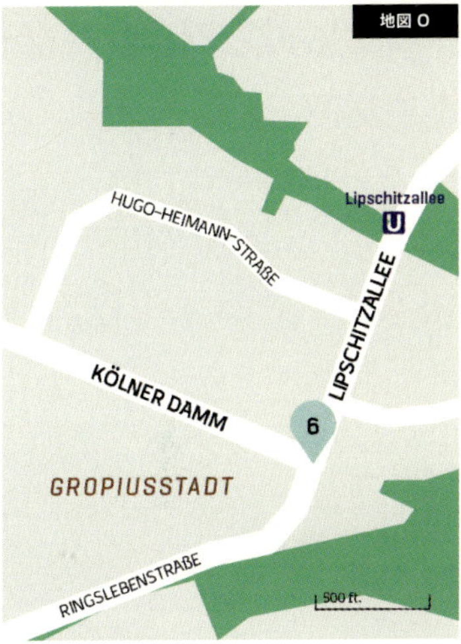

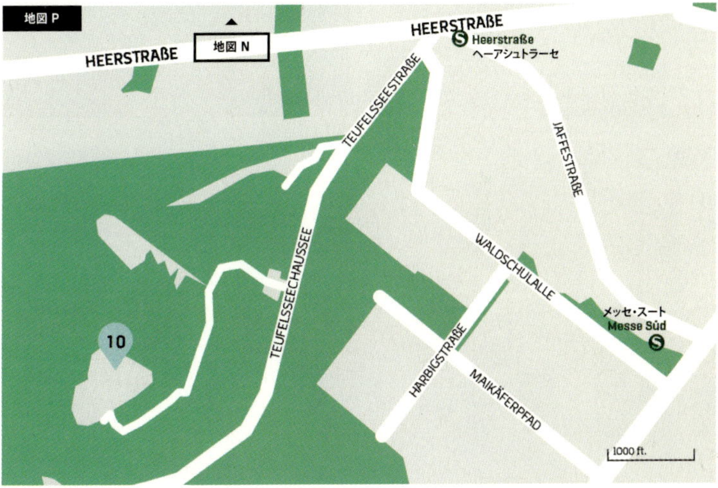

地図 N

GUTSMUTHSWEG

TRAKEHNER ALLEE

HEILSBERGER ALLEE

JESSE-OWENS-ALLEE

Olympiastadion **S** 5

FLATOWALLEE

HEERSTRAßE

地図 O

HUGO-HEIMANN-STRAßE

Lipschitzallee **U**

LIPSCHITZALLEE

KÖLNER DAMM

6

GROPIUSSTADT

RINGSLEBENSTRAßE

1000 ft.

500 ft.

地図 P

HEERSTRAßE

地図 N

HEERSTRAßE

S Heerstraße
ヘーアシュトラーセ

TEUFELSSEESTRAßE

JAFFESTRAßE

TEUFELSSEECHAUSSEE

WALDSCHULALLE

10

HARBIGSTRAßE

MAIKÄFERPFAD

メッセ・スート
Messe Süd **S**

1000 ft.

Accommodations

宿泊施設　おしゃれなホテル、アパートメント、ヒップなホステル

夜にぐっすり眠って充電できないんじゃ、完璧な旅とはいえません。バックパック
旅行でも出張でも、予算にかかわらず快適で、便利な宿泊施設を紹介しましょう。

$** < €80　　**€** €81-200　　**$ €201+

ヒュッテンパラスト
Hüttenpalast

掃除機工場を改装した建物内に、トレーラーハウ
スや木製の小屋を置いて客室にしたホテル。大都
市の屋内でキャンプ気分が味わえる。モダンなト
レーラーハウス生活に興味がなければ、キャンプ
エリアとは違って横一列に並ぶ、普通の客室も6
部屋ある。花とハーブが茂る美しい庭の横にある
カフェでは主に、ベジタリアンか、オーガニック食
材を使った料理がいただける。

住 Hobrechtstraße 65/66, Neukölln, 12047
☎ +49(0)30 37 30 58 06
URL www.huettenpalast.de　　　　

タウテス・ハイム
Tautes Heim

建築ファンなら、この丹念に修復されたエンドテラ
ス・ハウスで1度限りの体験をしてみては？　ここは
かつて、著名な建築家ブルーノ・タウトの歴史的な
蹄鉄型邸宅の一部だった。元々あった建具類、床、
タイル貼りのストーブはそのまま残され、タウトの
設計図、写真、徹底した調査書を研究した上で改
築が行われている。

住 Neukölln-Britz, 12359 (受付)
☎ +49(0)30 60 10 71 93
URL www.tautes-heim.de

モダン・ハウスボート
Modern Houseboat

ベルリンの中心地でも、人ごみを離れて平穏を楽しむことができる。広々としたリビングに開放的なキッチン、浴室、ダブルベッドルーム、セントラルヒーティングに暖炉……ルンメルスブルク湖に浮かぶこの家は、地上のどんな家と比べても遜色はない。すぐ近くには、公共交通機関やヒップなレストランもある。

住 Gustav-Holzmann-Straße 10, Lichtenberg, 10317 URL 予約：www.welcomebeyond.com

リンネン
Linnen

住 Eberswalder Straße 35, Prenzlauer Berg, 10437
☎ +49(0)30 47 37 24 40
URL www.linnenberlin.com

カーサ・カンペール・ベルリン
Casa Camper Berlin

住 Weinmeisterstraße 1, Mitte, 10178
☎ +49(0)30 20 00 34 10
URL www.casacamper.com

ジェネレーター・ホステル（ミッテ）
Generator Hostel (Mitte)

住 Oranienburger Straße 65, Mitte, 10117
☎ +49(0)30 92 10 37 680
URL generatorhostels.com

ゴルキー・アパートメンツ
Gorki Apartments

住 Weinbergsweg 25, Mitte, 10119
☎ +49(0)30 48 49 64 80
URL www.gorkiapartments.de

ミニロフト
Miniloft

住 Hessische Straße 5, Mitte, 10115
☎ +49(0)30 84 71 090
URL www.miniloft.com

プラスワン・ベルリン ジ・アパートメント
Plus One Berlin The Apartment

住 Reuterstraße 28, Neukölln, 12047
☎ +49(0)15 78 48 97 641
URL www.plusoneberlin.com

Notes

Michael Sontag ミヒャエル・ゾンタク, p058
www.michaelsontag.com
写真撮影: Christian Schwarzenberg

Nadine Goepfert
ナディン・ゲプフェルト, p082
www.nadinegoepfert.com
写真撮影: Patrick Desbrosses

Potipoti ポティポティ, p040
www.potipoti.com
写真撮影: Chus Antón

Sissi Goetze シッシ・ゴエッツェ, p032
www.sissigoetze.com
写真撮影: Andreas Muehe

Veronika Wildgruber
ヴェロニカ・ビルトグルーバー, p065
www.veronikawildgruber.com

フード

Michael Wickert @GLUT & SPÄNE
ミヒャエル・ヴィッケルト @グルート&シュペーネ, p089
www.glutundspaene.de

Nicky&Max ニッキー&マックス, p046
nickyandmax.com

Our/Berlin アワー/ベルリン, p044
www.ourberlin.de
www.paulsanders.de

Pret A Diner プレット・ア・ディネア, p017
www.koflerkompanie.com
www.oliviasteele.com
www.pretadiner.com
写真撮影: Georg Roske

ブランディング&広告

Jens Lausenmeyer
@boymeetsgirl design
イエンス・ローゼンマイヤー @ボーイミーツガール・デザイン, p095
www.boymeetsgirl.de

Li Wolfgang Schiffer
リー・ヴォルフガング・シッファー, p042
(エージェンシー)
www.n-o-agency.com
(営業)
www.celluloid-vfx.com
www.woodblock.tv

Raban Ruddigkeit @+ Ruddigkeit
ラバン・ルディイカイト @+ルディイカイト, p036
www.ruddigkeit.de
写真撮影: Valentino Griscioli

マルチメディア

Luciano Foglia ルチアーノ・フォーリア, p098
www.lucianofoglia.com

Stephan Hartmann @908
ステファン・ハートマン @908, p100
www.908video.de

Timm Kekeritz @Raureif
ティム・ケケリッツ @ロウライフ, p076
www.kekeritz.com

ZWEIDREI ツヴァイドライ, p033
zweidrei.eu
写真撮影: Elisabeth Lanz

写真

Anna Rose アンナ・ローゼ, p074
www.annarosephoto.com

Daniel Bolliger ダニエル・ボリガー, p026
www.danielbolligerstudio.com

Robert G. Bartholot
ロベルト・G・バートロート, p101
www.bartholot.net

Photo & other credits

abc Art Berlin Contemporary,
p028, 038-9
(p028, 038) abc 2013 opening by
Stefan Korte; (top) artwork by
Michael Sailstorfer, Johann König
(p039 clockwise) installation
view of Solar Bell L, 2013, by
Tomás Saraceno, (carbon fiber
tubes, laminated solar foil,
aluminium), 5 x 6.12 x 6.12m (TS
065), photo by Esther Schipper;
installation view of Untitled
(Monday & Tuesday), 2013, by
Eva Berendes, (Stahl, Lack) at abc
2013, courtesy of Sommer & Kohl,
Jacky Strenz, photo by Stefan
Korte; Das gute, alte L-Thema,
2006 Maschine by Andreas
Fischer, 3 x 1 x 3.2 m, courtesy of
the artist and Johann König, Ber-

lin; abc 2013 opening by Stefan
Korte, artwork by Pae White &
neugerriemschneider

Bauhaus-Archiv, p016
(Exterior) Karsten Hintz, (Chair)
Fotostudio Bartsch. Courtesy of
Bauhaus-Archiv Berlin

Berliner Unterwelten, p026
©Berliner Unterwelten e.V

Ehemalige Jüdische
Mädchenschule, p046
(Interior) Stefan Korte

Da Baffi, p082-3
(Dish & p083 bottom) Federico
Testa

Martin-Gropius-Bau, p034
(p034 top) Installation view of
"Tür an Tür Polen – Deutschland.
1000 Jahre Kunst und Geschichte"
©Jansch, 2011; (bottom) Martin-
Gropius-Bau Restaurant &
Bookshop ©Martin-Gropius-Bau,
Vorbeck, 2012; atrium ©Jansch,
2011; (p035 top) Martin-Gropius-
Bau exterior ©Jansch, 2013
(Right page bottom) Installation
view of "Kompass. Zeichnungen
aus dem Museum of Modern Art
New York" ©Jansch, 2011

Michelberger Hotel, p096
(Facade) ©Michelberger Hotel

Plus One Berlin, p116
Architecture by Paola Bagna and
JP Coss (CossA)

Salon zur wilden Renate, p090
(Pictures & bed) ©Salon zur
Wilden Renate

ST. AGNES, p042
(Exterior) Ludger Paffrath
(Bottom) left: exhibition Alicja
Kwade, 2013; right: exhibition
Jeppe Hein, 2013; by Roman MÑrz

Tautes Heim, p113
(All) Ben Buschfeld

CITIX60

CITIx60: Berlin

First published and distributed by
viction workshop ltd

viction:ary™

7C Seabright Plaza, 9-23 Shell Street,
North Point, Hong Kong

Url: www.victionary.com
Email: we@victionary.com
🄵 www.facebook.com/victionworkshop
🐦 www.twitter.com/victionary_
🐾 www.weibo.com/victionary

Edited and produced by viction:ary

Concept & art direction: Victor Cheung
Research & editorial: Queenie Ho, Caroline Kong
Project coordination: Katherine Wong, Jovan Lip
Design & content map illustration: Cherie Yip

Editing: Elle Kwan
Cover map illustration: Vesa Sammalisto
Count to 10 illustrations: Guillaume Kashima aka Funny Fun
Photography: Vivi Abelson

Content is compiled based on facts available as of February 2014.
Travellers are advised to check for updates from respective locations
before your visit.

Printed and bound in China

Acknowledgements

A special thank you to all creatives, photographer(s), editor, produc-
ers, companies and organisations for your crucial contributions to our
inspiration and knowledge necessary for the creation of this book. And,
to the many whose names are not credited but have participated in the
completion of the book, we thank you for your input and continuous
support all along.

世界のシティ・ガイド CITIX60 シリーズ

「世界のシティ・ガイド CITIX60」シリーズは、世界のクリエイティブな都市の真のスピリットを味わいたい人々に向けた、手作りの旅行ガイド。観光名所から宿泊施設まで、地元でアクティブに活動する住人たちが、実際に出かけたり利用したりしているホットなスポットを紹介しています。クリエイティブな都市生活に焦点をあてた本シリーズは、どの都市についても、広告、建築、グラフィック・デザイン、ファッション、インダストリアル・デザイン、音楽、フード、出版など、各専門分野で有名な地元クリエイターたちから協力を得て、耳より情報を掲載しています。ストップオーバーで1日だけ立ち寄るときも、1週間滞在するときも、CITIX60のガイドブックさえあれば各都市をワクワクしながら見て回れることまちがいなし。ぜひシリーズでそろえて、旅の達人になってください!

ロンドン
パリ
ニューヨーク
東京
バルセロナ
ベルリン

世界のシティ・ガイド CITIx60
ベルリン

60人の地元クリエイターが街の見どころをお教えします。

2014年8月8日　初版第1刷発行

翻訳・編集協力	和田　侑子
デザイン	吉村　朋子
校正	白神　憲一（アストロワークス）
編集・コーディネート	大浜　千尋

発行人	三芳　寛要
発行元	株式会社　パイ インターナショナル
	〒170-0005　東京都豊島区南大塚2-32-4
	TEL 03-3944-3981　FAX 03-5395-4830
	sales@pie.co.jp

編集・制作	PIE BOOKS

ISBN978-4-7562-4538-0 C0070
Printed in China

本書は、すべて原書情報（2014年2月現在の取材データ）に基づいて作られています。